Comercio exterior
de servicios educativos

Valeria Arredondo

Comercio exterior de servicios educativos

La estrategia negociadora argentina en posgrado de ciencias sociales

Colección UAI - Investigación

Arredondo, Valeria
Comercio exterior de servicios educativos : la estrategia negociadora argentina en posgrado de ciencias sociales . - 1a ed. - Ciudad Autónoma de Buenos Aires : Teseo, 2013.
190 p. ; 20x13 cm.
ISBN 978-987-1867-90-5
1. Comercio exterior. 2. Ciencias Sociales. I. Título
CDD 378.007

Universidad Abierta Interamericana

© UAI, 2013

© Editorial Teseo, 2013

Teseo - UAI. Colección UAI - Investigación

Buenos Aires, Argentina

ISBN 978-987-1867-90-5

Editorial Teseo

Hecho el depósito que previene la ley 11.723

Para sugerencias o comentarios acerca del contenido de esta obra, escríbanos a: **info@editorialteseo.com**

www.editorialteseo.com

Comité editorial

Lic. Juan Fernando Adrover
Arq. Carlos Bozzoli
Mg. Osvaldo Barsky
Dr. Marcos Córdoba
Mg. Roberto Cherjovsky
Mg. Ariana De Vincenzi
Dr. Roberto Fernández
Dr. Fernando Grosso
Dr. Mario Lattuada
Dra. Claudia Pons
Dr. Carlos Spector

Los contenidos de los libros de esta colección cuentan con evaluación académica previa a su publicación.

PRESENTACIÓN

La Universidad Abierta Interamericana ha planteado desde su fundación en el año 1995 una filosofía institucional en la que la enseñanza de nivel superior se encuentra integrada estrechamente con actividades de extensión y compromiso con la comunidad, y con la generación de conocimientos que contribuyan al desarrollo de la sociedad, en un marco de apertura y pluralismo de ideas.

En este escenario, la Universidad ha decidido emprender junto a la editorial Teseo una política de publicación de libros con el fin de promover la difusión de los resultados de investigación de los trabajos realizados por sus docentes e investigadores y, a través de ellos, contribuir al debate académico y al tratamiento de problemas relevantes y actuales.

La *colección investigación* TESEO - UAI abarca las distintas áreas del conocimiento, acorde a la diversidad de carreras de grado y posgrado dictadas por la institución académica en sus diferentes sedes territoriales y sus líneas estratégicas de investigación, que se extiende desde las ciencias médicas y de la salud, pasando por la tecnología informática, hasta las ciencias sociales y humanidades.

El modelo o formato de publicación y difusión elegido para esta colección merece ser destacado al posibilitar un acceso universal a sus contenidos: ya sea por la vía tradicional impresa en librerías seleccionadas, o por nuevos sistemas globales como la impresión por demanda en distintos continentes, acceso a eBooks por tiendas virtuales, y difusión por Internet de sus contenidos parciales (Google libros, etc.).

Con esta iniciativa la Universidad Abierta Interamericana ratifica una vez más su compromiso con una educación superior que busca en forma constante mejorar su calidad y contribuir con su trabajo al desarrollo de la comunidad nacional e internacional en la que se encuentra inserta.

Dr. Mario Lattuada
Secretaría de Investigación
Universidad Abierta Interamericana

ÍNDICE

Presentación 9

Introducción 15

Capítulo 1: Definiciones y consensos 21

1.1.- El comercio exterior de servicios educativos 21
1.1.1.- La carencia de una definición consensuada 21
1.1.2.- ¿Qué se entiende por *servicios*? 22
1.1.3.- Definición de comercio exterior de servicios:
dificultades 25
1.1.4.- Inversión extranjera directa en servicios 29
1.1.5.- Propiedad intelectual 30
1.1.6.- Movimiento de personas 32

1.2.- La importancia de los servicios 34
1.2.1.- La economía doméstica 34
1.2.2.- El comercio internacional 36
1.2.3.- Modos y servicios educativos 43
1.2.4.- Características generales de los países analizados 45

Capítulo 2: Demanda en américa del sur 47

2.1.- Objetivos y metodología de investigación 47

2.2.- Información estadística por país 51
2.2.1.- Bolivia 52
2.2.2.- Brasil 54
2.2.3.- Chile 56
2.2.4.- Colombia 58
2.2.5.- Ecuador 60
2.2.6.- Paraguay 62
2.2.7.- Perú 64
2.2.8.- Uruguay 66
2.2.9.- Venezuela 68

2.3.- La demanda de servicios educativos de posgrado 70

Capítulo 3: Oferta en América del Sur 75

3.1.- Servicios educativos de posgrado en ciencias
sociales en Argentina 75
   3.1.1.- Marco jurídico-institucional 75
   3.1.2.- Estudiantes extranjeros 84
   3.1.3.- Oferta académica 84

3.2.- Servicios educativos de posgrado en ciencias
sociales en Bolivia 86
   3.2.1.- Oferta académica 89

3.3.- Servicios educativos de posgrado en ciencias
sociales en Brasil 89
   3.3.1.- Oferta académica 94

3.4.- Servicios educativos de posgrado en ciencias
sociales en Chile 94
   3.4.1.- Oferta académica 99

3.5.- Servicios educativos de posgrado en ciencias
sociales en Colombia 99
   3.5.1.- Oferta académica 101

3.6.- Servicios educativos de posgrado en ciencias
sociales en Ecuador 102
   3.6.2.- Oferta académica 104

3.7.- Servicios educativos de posgrado en ciencias
sociales en Paraguay 104
   3.7.1.-Oferta académica 108

3.8.- Servicios educativos de posgrado en ciencias
sociales en Perú 109
   3.8.1.- Oferta académica 111

3.9.- Servicios educativos de posgrado en ciencias
sociales en Uruguay 111
   3.9.1.- Oferta académica 115

3.10.- Servicios educativos de posgrado en ciencias
sociales en Venezuela 116
   3.10.1.- Oferta académica 122

Capítulo 4: Negociación y oportunidades empresarias .. 123

4.1.- Situación general del subcontinente 123
4.2.- Posibilidades y obstáculos de la negociación
internacional 124
    4.2.1.- Negociaciones en la OMC 126
    4.2.2.- Posibles escenarios a partir de la negociación
internacional 129
4.3.- Opciones favorables para Argentina 150
    4.3.1.- Exportación de servicios según la variable
liberalización 152
    4.3.2.- Comercio exterior de servicios según la subvariable
de modos 154
    4.3.3.- Estrategia negociadora general 156

Capítulo 5: Conclusiones 159

Bibliografía 165
Fuentes consultadas según país 170
Páginas web consultadas 175

Anexo: Tendencia a la elección de ciencias sociales 177
Bolivia 177
Brasil 178
Chile 179
Colombia 180
Ecuador 181
Paraguay 182
Perú 183
Uruguay 184
Venezuela 185

Glosario 187

INTRODUCCIÓN

El presente libro parte del análisis del mercado argentino y sudamericano actual de la educación superior en ciencias sociales[1], buscando dimensionar el potencial del mercado y detectar las oportunidades de las instituciones educativas argentinas para cubrir la demanda externa. Se analizarán para ello los escenarios legales, nacionales e internacionales, y los compromisos asumidos en el marco del Acuerdo General de Comercio de Servicios (AGCS) de la Organización Mundial del Comercio (OMC). El trabajo se valdrá de esta información para saber qué áreas de los mercados se encuentran abiertas al librecambio internacional y cuáles presentan más obstáculos. Finalmente, integrando las características de la situación actual y el análisis de los escenarios legales, se realizará una propuesta para la exportación de servicios en el subsector de la educación superior en ciencias sociales para instituciones educativas argentinas.

---

[1] La investigación original fue realizada para una tesis de Maestría en Dirección de Empresas de la Universidad de Palermo en el año 2010. El contenido ha sido actualizado y enriquecido para la actual publicación.

El AGCS es el acuerdo internacional suscripto en 1994 (en vigencia desde 1995) en el marco de la OMC por el cual se regula la comercialización internacional de servicios. Para el 23 de julio del año 2008 este tratado contaba con 153 estados miembros, figurando entre ellos: Argentina, Bolivia, Brasil, Chile, Colombia, Ecuador, Paraguay, Perú, Uruguay y Venezuela, países a analizar en este trabajo.

Los países que ratificaron AGCS son miembros, y como tales deben cumplir con las obligaciones en él pactadas. De lo contrario, la posibilidad de recibir una demanda ante la OMC sería un panorama posible.

El AGCS legisla el comercio de servicio, exceptuando los gubernamentales. Esta salvedad del acuerdo lleva a analizar, tanto en el mercado de la educación privada como en el de la pública, los posibles nichos no atendidos. Si bien el Estado es el responsable principal del servicio que prestan las universidades y casas de estudio públicas, en el nivel de posgrado este servicio se encuentra arancelado lo que genera el ingreso de dinero para quien lo brinda. De esta manera, a pesar de no estar regulado internacionalmente, la educación (aun la privada), puede ser exportada.

La variedad de modos que ofrece la exportación de servicios nos obliga, al considerar los potenciales consumidores, a tener en cuenta tanto los ciudadanos que permanecerán en sus países, como a aquellos que decidan trasladarse al país donde reside el proveedor del servicio.

La presente investigación se propone entonces:
- Realizar un aporte para una negociación internacional que apunte a establecer un escenario educativo nacional con variada oferta académica, de calidad

certificada por un órgano competente, y con el menor costo posible para los consumidores locales.
- Identificar nichos que actualmente están desatendidos a fin de convertirlos en oportunidades de negocio para empresas educativas argentinas, tanto en el mercado doméstico como en el sudamericano.

Se considera para ello que:
1. Argentina está en condiciones de incrementar sus exportaciones de servicios de educación superior a países sudamericanos.
2. La descripción detallada de la demanda y oferta académica superior en ciencias sociales en los países de América del Sur, así como los compromisos de los países sudamericanos en el AGCS, contribuye a descubrir oportunidades de negocios para las empresas argentinas que se dediquen a la exportación de servicios de este tipo.

En el primer capítulo se describirán los alcances del comercio exterior de servicios en sus diferentes modos y las formas específicas que adoptan los servicios educativos. Para ello, se investiga la existencia de compromisos en el AGCS en el sector servicios, los tratados internacionales de la OMC, los compromisos oficiales de cada país, el manual de comercio exterior de servicios y el módulo de entrenamiento en la materia mencionada.

En el segundo capítulo se analizará la demanda de educación superior en ciencias sociales de los países de América del Sur según la población en edad de capacitarse, los ingresos, la participación del Estado, la legislación vigente y los compromisos asumidos en el AGCS.

Para el análisis de la demanda (actual y futura) se cruzarán dos variables principales: edad y acceso a educación superior de posgrado. La *población en edad de acceder a estudios superiores* de posgrado y la *población en condiciones de emprender un estudio de posgrado*, obtenidas de los censos poblacionales y encuestas permanentes de hogares de cada país. A partir de los datos de la Agencia Central de Inteligencia de Estados Unidos (CIA) se buscará una aproximación al poder adquisitivo de la población de cada país. Para estimar la franja etaria de población que podría optar por un estudio superior de posgrado se estableció una edad mínima de 25 años, dando al estudiante universitario al menos dos años para contar con alguna experiencia laboral. Si bien la edad máxima es imprecisa, se estima acertado fijar el límite de 60 años, asumiendo que en su mayoría, quienes deciden comenzar un estudio de posgrado tienen intenciones de llevar a la práctica los conocimientos adquiridos en su ámbito laboral o aplicarlos en alguna actividad subsiguiente. Con estos datos se conforma la franja de clientes potenciales o mercado objetivo.

El tercer capítulo estudiará la oferta, competidores actuales extranjeros, partiendo de la legislación nacional que las habilita y del ente que las regula y califica. Luego se consultan las páginas web oficiales de aquellas empresas de educación superior dedicadas a las ciencias sociales para relevar los productos que están ofreciendo, es decir, los cursos de posgrado en ciencias sociales.

Para el análisis se accederá a la legislación nacional de educación superior pública y privada en ciencias sociales de los países a estudiar, y de los órganos e instituciones educativas nacionales. El estudio de la oferta académica se analizará consultando la información disponible en la página del órgano rector competente en cada país. Cabe mencionar que a los fines del presente trabajo sólo se tendrán en cuenta las empresas de educación superior en ciencias sociales reconocidas por el órgano educativo oficial.

En el cuarto y último capítulo se identificarán oportunidades de negocios para empresas argentinas y se trazarán lineamientos estratégicos para la negociación internacional.

Como conclusión, se articularán los principales hallazgos de la presente investigación trazando una posible estrategia para el comercio exterior de servicios educativos de la Argentina en materia de posgrados en ciencias sociales.

CAPÍTULO 1: DEFINICIONES Y CONSENSOS

1.1. El comercio exterior de servicios educativos

1.1.1. La carencia de una definición consensuada

En el ámbito internacional no es posible hallar una definición consensuada del término *servicios* ni tampoco hay acuerdo sobre qué se entiende por su *comercio exterior*. Si bien es cierto que los países desarrollados han analizado, discutido y estudiado el comercio de servicios durante décadas, incluso con mucha anterioridad al inicio de la Ronda de Uruguay del GATT, estos debates no lograron llegar a una definición aceptada globalmente. La cuestión aún no ha sido resuelta. El AGCS no expresa una definición de servicios ni de su comercio exterior de los mismos. En cambio, aporta una aproximación a dichas definiciones que consiste en la descripción de cuatro posibles modos de suministro y una clasificación sobre cuáles son los servicios implicados en el acuerdo.

La lista de servicios que los negociadores de la Ronda de Uruguay del GATT utilizaron como base del acuerdo, conocida como Documento GNS/W/120, sólo se tuvo en cuenta a los fines del acuerdo sin implicar un modo definitivo de clasificación de servicios. Las categorías establecidas en dicho documento fueron: 1) Servicios prestados a las empresas; 2) Servicios de comunicaciones; 3) Servicios de construcción y de ingeniería conexos; 4) Servicios de distribución; 5) Servicios de enseñanza; 6) Servicios relacionados con el medio ambiente; 7) Servicios financieros; 8) Servicios sociales y de salud; 9) Servicios de turismo y viajes; 10) Servicios de esparcimiento, culturales y deportivos; 11) Servicios de transporte; 12) Otros servicios NIOP (No incluidos en otras partidas). La lista es pasible de sufrir modificaciones, incluso los negociadores pueden recurrir a clasificaciones alternativas, hecho ya ocurrido en el caso de las telecomunicaciones básicas, servicios financieros y transporte marítimo.

1.1.2. ¿Qué se entiende por *servicios*?

A pesar de la falencia mencionada y con miras a lograr un acuerdo acerca de qué se entiende por *servicios*, hallamos definiciones variadas. En 1977 Thomas P. Hill concibe a los servicios como "un cambio en la condición de una persona o un bien perteneciente a una unidad económica, que es llevado a cabo como resultado de la actividad de otra unidad económica, con el consentimiento anterior de la persona o unidad económica" (HILL, 1977).

El valor de esta definición radica en el carácter de *intangibilidad* que le otorga al servicio al considerarlo "un cambio en la condición de una persona o un bien". La intangibilidad, como la *invisibilidad* y la *transitoriedad*, son características que durante muchos años se adjudicaron a los servicios. Sin embargo, estas tres características han sido superadas, en parte, con la tecnología. En la actualidad, y desde hace tiempo, los DVDs, los libros y ciertas grabaciones sirven para almacenar información, contribuyendo a paliar estos rasgos. Sin embargo, aun en el caso de un DVD que contenga un servicio (traducción), no se debe confundir este bien con el servicio que lleva incorporado ni con el resultado del proceso de traducir: la traducción. Siguiendo con este razonamiento, el servicio es un intangible que se vale de medios materiales para posibilitar su almacenamiento y transporte. Será necesario entonces, al considerar un servicio, hacer una distinción entre él y el soporte en el que se encuentre contenido. La educación es un servicio que supera la característica de transitoriedad debido a los resultados que otorga. Una persona que fue educada puede olvidar algunos conocimientos pero conservará la esencia de lo aprendido. Más aun, los títulos que obtenga al estudiar y rendir evaluaciones no perderán validez.

Debemos considerar ahora un nuevo elemento que complejiza aun más la definición. Los servicios pueden ser elementos transversales a la producción de todo tipo de bienes. Muchas veces los servicios forman parte de la elaboración de un producto, son significativos en la formación de su precio y son exportados junto con él. En estos casos los servicios son considerados *insumos*. Para la elaboración de bienes necesita contar con servicios de innovación, investigación, desarrollo tecnológico, logística e informática, entre otros. Sin embargo, a fines de la contabilidad, estos intangibles no son considerados dentro de las ventas al exterior como una exportación de servicios. Los sistemas contables de nuestro país y el registro de la Aduana no dan cuenta de su salida al exterior. No por ello cumplen un rol menos significativo para el desarrollo del país y la competitividad de los productos.

Resulta importante aclarar que no todos los servicios pueden ser considerados insumos. Una clase diferente se constituye de aquellos intangibles prestados directamente al consumidor. La enseñanza forma parte de este tipo de servicios: se aplica a las personas y se comercializa como un producto final. Si se comparan estos dos servicios, los últimos, al ser exportados por sí mismos y no estar integrados en la producción de un bien, la contabilidad y el registro, se simplifican.

Retomando la definición de Hill, un segundo mérito consiste en diferenciar la producción del servicio del resultado de su prestación, evidenciado el "cambio en la condición de una persona o bien". Tomando el ejemplo de los servicios de seguros, la prestación consistirá en el compromiso de resarcir un daño y el resultado o producto será la tranquilidad del dueño. Con dicha distinción resulta más sencillo diferenciar al prestador del servicio, al responsable de la producción y al usuario, es decir, a la persona física o jurídica en la cual ocurre el cambio.

Prestando atención a la distinción entre la producción y el resultado es posible acotar el carácter de *transitorio* con el cual se calificaba a los servicios. Habrá servicios que al no poder ser almacenados, como el turismo, cumplen con la característica de transitoriedad, pero si se considera otro tipo de servicios esta característica entra en cuestionamiento. Un estudio de la Secretaría General de la ALADI expresa: "La intangibilidad, invisibilidad y transitoriedad son características `clásicas´ que actualmente son superadas por la posibilidad que brinda la tecnología para registrar y almacenar el servicio a través de filmes, libros, CDs, entre otros, de forma que se puede generar una herramienta cuyo principal valor no está en el objeto material que se adquiere sino en el servicio intangible incorporado en términos de conocimiento y de tecnología" (ALADI, 2004). Como se mencionó anteriormente, el soporte material en el que se encuentra contenido el servicio y el servicio en sí deben considerarse de maneras separadas.

Otra característica con la que muchas veces se identifica a los servicios es la necesaria proximidad entre el productor y el consumidor. De la misma manera que las características clásicas fueron quedando atrás gracias a los avances de la tecnología, es inadecuado pensar que en la actualidad esta necesidad sea pertinente, al menos en todos los modos de suministro. Por el contrario, esta característica entraría en contradicción con la posibilidad del consumo transfronterizo. En el caso de la educación, a través del *e-learning* o educación a distancia, el servicio puede ser suministrado por correo postal o virtual, sin necesidad de proximidad física.

Luego de considerar estos elementos conceptuales se observa que circundan a los *servicios* distintos debates que la definición final a la que pueda llegarse deberá tener en consideración.

1.1.3. Definición de comercio exterior de servicios: dificultades

Para una aproximación al concepto de comercio exterior de servicios se tomará la segunda parte de la definición que aporta Hill "[...] perteneciente a una unidad económica, que es llevado a cabo como resultado de la actividad de otra unidad económica". Aquí se generan dificultades de aceptación y ya no se orienta a la definición de servicios, sino que se acerca al concepto de comercio exterior de servicios. Hill alude al intercambio en la prestación de los servicios entre los residentes de unidades económicas diferentes.

Respecto a cómo concebir el intercambio internacional tampoco existe un acuerdo generalizado. El concepto de persona residente (física o jurídica), la manera de concebir el comercio intra firma y la inversión extranjera directa son los elementos que obstaculizan el acuerdo sobre qué se entiende por comercio exterior de servicios, lo que impide una adecuada contabilidad a nivel mundial.

La ventaja de la definición de Hill reside en aportar una base a partir de la cual serán necesarias posteriores definiciones y acuerdos. Resulta un buen punto de partida pensar al comercio exterior de servicios como aquel producido por una persona, física o jurídica, perteneciente a una unidad económica, y consumido por otra persona, física o jurídica, perteneciente a otra unidad económica.

A fin de definir "unidad económica" se recurre al artículo II del AGCS[2]. El acuerdo considera los intercambios entre los distintos miembros, lo que infiere que existe comercio exterior de servicios cuando el prestador y el consumidor pertenecen a diferentes estados. Lo mismo puede ocurrir cuando el prestador o el consumidor se traslada a otro estado para proveer o recibir el servicio. De esta manera el comercio exterior de servicios es el que

---

[2] Artículo II: Trato de la nación más favorecida
1. Con respecto a toda medida abarcada por el presente Acuerdo, cada Miembro otorgará inmediata e incondicionalmente a los servicios y a los proveedores de servicios de cualquier otro Miembro un trato no menos favorable que el que conceda a los servicios similares y a los proveedores de servicios similares de cualquier otro país.
2. Un Miembro podrá mantener una medida incompatible con el párrafo 1 siempre que tal medida esté enumerada en el Anexo sobre Exenciones de las Obligaciones del Artículo II y cumpla las condiciones establecidas en el mismo.
3. Las disposiciones del presente Acuerdo no se interpretarán en el sentido de impedir que un Miembro confiera o conceda ventajas a países adyacentes con el fin de facilitar intercambios, limitados a las zonas fronterizas contiguas, de servicios que se produzcan y consuman localmente.

existe entre personas, físicas o jurídicas que pertenecen a dos estados diferentes.

Resta saber ahora cuándo una venta de un servicio al exterior se puede adjudicar a un Estado. Es decir, en qué casos se puede afirmar que determinada persona pertenece a un determinado Estado. Las ventas al extranjero realizadas por una persona física o jurídica nacional deben contabilizarse como exportaciones. La prestación de un servicio de una persona a otra extranjera se considera como exportación de servicios. Cuando no existen dudas sobre la nacionalidad y residencia tanto del prestador del servicio como del consumidor, el caso no presenta dificultades: *el país al que pertenezca el prestador será el exportador y el país al cual pertenezca el consumidor será el importador.* Sin embargo es necesario evaluar los diferentes modos de suministro de servicios para constatar que esta pertenencia no siempre está clara.

La definición de comercio de servicios que introduce el AGCS en el artículo I, inciso II, en relación con los modos de suministro es:

"A los efectos del presente Acuerdo, se define el **comercio de servicios** como el suministro de un servicio:
a. del territorio de un Miembro al territorio de cualquier otro Miembro;
b. en el territorio de un Miembro a un consumidor de servicios de cualquier otro Miembro;
c. por un proveedor de servicios de un Miembro mediante presencia comercial en el territorio de cualquier otro Miembro;
d. por un proveedor de servicios de un Miembro mediante la presencia de personas físicas de un Miembro en el territorio de cualquier otro Miembro" (OMC, 1995).

Los modos de suministro de servicios fueron definidos en el texto del Acuerdo en el citado artículo II y reciben los nombres de:
- Modo 1: Comercio transfronterizo
- Modo 2: Consumo en el extranjero
- Modo 3: Presencia comercial
- Modo 4: Traslado de personas

Estos cuatro modos corresponden al comercio exterior de servicios, ya que en los cuatro casos el productor y el consumidor no pertenecen al mismo Estado.

En el caso del consumo transfronterizo (modo 1) un nacional y residente de determinado país exporta, por determinada vía, un servicio. La exportación se asemeja a la de bienes y resulta simple saber quién es el exportador pero no así el importador. Si la persona que consume el servicio es nacional y reside en el país desde el cual importa, el caso no presenta dificultades pero, ¿qué ocurre si la persona que compra el servicio está residiendo temporalmente en otro país? En tal circunstancia: ¿qué país es el importador? ¿Lo será el país del cual es nacional el consumidor o el país en el cual se consume el servicio? ¿Se puede hablar en este caso de *comercio exterior*?

La dificultad es aún mayor en los modos 2, 3 y 4 al implicar un traslado del prestador o consumidor. Será necesario entonces acordar en qué casos el prestador y el consumidor pertenecen a un país determinado, así como también precisar qué se entiende por residente, por cuánto tiempo una persona que habita en un país se considera un residente temporal y qué sucede cuando dos países otorgan la nacionalidad a una persona, entre otros puntos. La imprecisión del término *residente* y la variación su significado de país en país impiden establecer una línea divisoria entre el comercio internacional y el interno, generando discrepancias en la identificación del Estado exportador y el Estado importador.

Un problema adicional aparece a la hora de definir nacionalidad. En principio, se podría pensar en el uso de este concepto para identificar a una persona, ya sea física o jurídica, con un país determinado. Sin embargo, según el Derecho Internacional Público, rama del Derecho, cada país es libre de definir quiénes son sus nacionales, por consiguiente, una persona puede ser nacional en más de un país. Consecuentemente, la nacionalidad deja entonces de ser un criterio efectivo sobre el cual pensar la definición de comercio exterior de servicios.

En los apartados siguientes se analizarán las dificultades que surgen ante la falta de una definición consensuada sobre *comercio exterior de servicios*. A saber: la inversión extranjera directa, relacionada al concepto de la empresa transnacional, la propiedad intelectual y las migraciones o traslado de personas.

1.1.4. Inversión extranjera directa en servicios

La inversión extranjera directa es aquella por la cual se colocan en el país capitales extranjeros con un objetivo comercial o productivo. Estos capitales se destinan a actividades primarias, industriales o servicios. En este último caso, si el país anfitrión consume los servicios prestados por la entidad inversora, estará realizando una importación de servicios a través del modo 3, presencia comercial.

Las inversiones en servicios provenientes del extranjero requieren de un tratamiento especial dados los beneficios que de ella pueden desprenderse. A través de la inversión extranjera directa, los países en desarrollo son abastecidos de servicios de calidad superior a la lograda internamente. Los beneficios de este intercambio se ven reflejados tanto en los proveedores que ganan mercados para sus exportaciones como en los consumidores que se aseguran importantes herramientas para el despegue económico. La llegada de capitales no es un objetivo en sí, sino una herramienta para colaborar al desarrollo del país, lo que se relaciona estrechamente con la posibilidad de incrementar los grados de apertura y desregulación del mercado doméstico.

Por su parte, de igual manera, los países más desarrollados se interesan en el tratamiento de las inversiones en materia de servicios fuera de sus fronteras. Muestra de esto es la negociación que se lleva a cabo desde el año 1995 en la Organización para la Cooperación y el Desarrollo Económico (OCDE). El documento llevará el nombre de Acuerdo Multilateral de Inversiones (AMI) y tratará, entre otros, el tema de los servicios. El objetivo de los miembros de la OCDE, además de crear un marco legal para los acuerdos bilaterales firmados entre ellos, es la introducción del AMI en la OMC. De lograrlo, los países inversores se verían librados de las restricciones actuales y los gobiernos de los países receptores deberían responder por posibles daños y perjuicios que sufran las inversiones. Por esta razón, los países de menor desarrollo se oponen firmemente a esta inclusión (Asociación Latinoamericana de Integración, 2004).

1.1.5. Propiedad intelectual

Se incluye el presente apartado debido a que usualmente se producen confusiones al vincular la propiedad intelectual con los servicios. Si bien poseen puntos en común, la propiedad intelectual no debe ser tratada como servicio, ya que muchas veces es transversal a los intangibles. Se evaluará a continuación el significado de la protección de la propiedad intelectual y los aspectos vinculados a los servicios.

En la creación de la OMC, junto con el AGCS, se aprobó un tratado sobre propiedad intelectual conocido como Aspectos de los Derechos de Propiedad Intelectual relacionados con el Comercio, ADPIC.[3] Ambos temas, servicios y propiedad intelectual, se regulan con dos instrumentos específicos. En el caso de la propiedad intelectual se cita como antecedente al acuerdo ADPIC de 1994, el Convenio de París de 1883, y el convenio de la OMPI,[4] firmado en Estocolmo, Suecia, en 1967. Este último, con sede en Ginebra, se encarga de proteger a nivel mundial los derechos de los creadores armonizando la legislación de los distintos países sobre derechos de propiedad intelectual para fomentar el trato recíproco en la materia. Esta organización figura entre los órganos especializados de las Naciones Unidas. La existencia de esta organización crea una diferencia entre la propiedad intelectual y los servicios, al carecer estos últimos de una organización internacional dedicada a su regulación. Nuestro país pasó a ser miembro de la OMPI el día 8 de octubre de 1980.

La OMPI entiende a los derechos de propiedad intelectual como "aquellos que se confieren a las personas sobre las creaciones de su mente" (OMC, 2005). En varias ocasiones, los servicios incluyen a la propiedad intelectual que, a pesar de tener carácter de intangible, se reconoce

---

[3] TRIPS en inglés.
[4] WIPO en inglés.

como un activo. La OMPI la divide entre propiedad industrial y derecho de autor. La primera rama corresponde a las invenciones, patentes, marcas, dibujos, modelos industriales e indicaciones geográficas de origen; la segunda comprende obras literarias y artísticas, películas, musicales, obras de arte y diseños arquitectónicos.

A partir de la división de la OMPI se puede establecer una relación entre tres tipos de servicios y la propiedad intelectual. En primer lugar, entre los servicios de diseño, software, entre otros, que implican un conocimiento específico en la materia y por lo tanto los responsables de su creación se encuentran protegidos por los derechos de propiedad intelectual. En segundo lugar, los servicios de esparcimiento y culturales como cine, radio, televisión y teatro, cuyos creadores están respaldados por los derechos de autor. Por último, aquellos servicios, como los de salud, educación, asesoramiento, entre muchos otros, donde la propiedad intelectual es directamente objeto de comercio internacional. En este caso no será incorporada dentro de un servicio como ocurría en las áreas ya mencionadas sino que para su prestación se requerirá de una licencia (ALADI, 2004).

1.1.6. Movimiento de personas

El movimiento de personas naturales a través de las fronteras nacionales para prestar un servicio en un país extranjero es el modo de exportar intangibles descripto en el artículo I, inciso D del AGCS. El fundamento de la inclusión de dicho modo es la necesidad de proximidad entre proveedor y consumidor que muchos servicios requieren. Sin embargo, el modo 4 de suministro es el que mayor reticencia genera en los países receptores del servicio, incidiendo esto negativamente en los beneficios que el AGCS podría tener para muchos socios (CHANDA, 2002).

El crecimiento de la oferta del mercado laboral para proveedores extranjeros genera al país anfitrión ventajas y puntos desfavorables. Como ventajas se menciona la solución a los déficits de mano de obra en sectores específicos y el ingreso de conocimiento. Como puntos desfavorables, se observa que si los permisos de residencia resultan de duración prolongada, la llegada masiva de proveedores puede afectar el crecimiento poblacional o generar problemas semejantes a los causados por la inmigración al mezclarse diferentes culturas.

Por otra parte, se observa que las restricciones pueden provenir, aunque de manera menos frecuente, del país exportador debiéndose a motivos políticos o económicos. Las medidas descriptas no se aplican de manera casual sino que esconden un objetivo del gobierno. De la misma manera que ocurre con los bienes, los países pueden valerse de test y mediciones sobre el mercado, la demanda de las empresas y la propia ciudadanía para conocer las necesidades de su economía respecto a los servicios. El propósito de esas evaluaciones es diseñar estrategias para limitar el ingreso de los servicios abundantes en el mercado y favorecer la llegada de proveedores de los intangibles escasos. A pesar de las mencionadas mediciones y estrategias, no hay que olvidar que siempre cabe lugar para la discrecionalidad, sobre todo si se contempla la profunda dificultad para obtener datos que ilustren la necesidad de cada uno de los servicios. Dificultad aun más profunda si se pretende lograr un conocimiento actualizado de la oferta y demanda de servicios como el que es posible obtener con respecto al mercado de bienes. Lo cierto es que el nivel de compromiso para la liberalización en el modo 4 es muy limitado.

1.2. La importancia de los servicios

1.2.1. La economía doméstica

Dada la enorme influencia en la calidad y velocidad del crecimiento económico, los servicios juegan un rol importante en la economía de los países (tanto desarrollados como en vías de desarrollo). Forman parte del sector con el crecimiento más rápido de la economía mundial y, pese a las dificultades para su correcta medición, representan en promedio el 60% de la producción, siendo este número más elevado en los países desarrollados, y el 30% del empleo (OMC, 2010). Además, los servicios constituyen el 75% de precio final de un bien y la actividad manufacturera sólo el 25% (ALADI, 2004).

Resultan a su vez de vital importancia en el PBI de los países analizados.

Cuadro 2: Importancia de los servicios en la economía doméstica

País	1960	1970	1980	1990	2000	2008
Argentina	-	48,08	52,43	55,85	67,42	57,89
Bolivia	-	46,20	48,55	48,49	55,20	48,17
Brasil	42,34	49,35	45,16	53,21	66,67	65,34
Chile	55,18	51,13	55,30	49,83	55,49	52,34
Colombia	-	46,02	47,60	45,36	59,86	54,86
Ecuador	-	-	-	-	-	52,70
Paraguay	43,70	47,25	43,93	46,99	60,51	61,49
Perú	48,38	49,75	-	64,08	61,61	56,57
Uruguay	-	-	-	56,15	68,53	62,61
Venezuela	-	54,56	48,82	33,97	46,12	-

Indicador: Servicios, valor agregado (% del PIB).[5]
Fuente: Elaboración propia con información del Banco Mundial.

---

[5] Banco Mundial, OCDE: "Descripción del cuadro: Los servicios corresponden a las divisiones 50 a 99 de la CIIU (Código Industrial Internacional Uniforme) e incluyen el valor agregado en

No se puede pensar en una economía competitiva sin un sector de servicios eficiente. Al ser factores intermedios en la producción, los servicios forman parte de la elaboración de bienes finales. Pueden contribuir tanto a la optimización de bienes primarios como industriales y son elementos imprescindibles para el óptimo funcionamiento de la economía de un país y para el desarrollo. Así, los servicios no son una consecuencia del crecimiento, son una condición necesaria.

Los servicios vinculados estrechamente a la producción han recibido el nombre de servicios estructurales (OMC, 1991). Bajo esta categoría se agrupan los servicios de transportes, comunicaciones y financieros, incluyendo cada uno a subsectores, esenciales para la movilidad internacional de los factores de producción. Los servicios estructurales facilitan la movilidad, tanto de bienes como de personas y capitales.

La consecuencia del aumento de estos flujos es evidente tanto en interior de un país como en el sistema internacional. Los servicios estructurales han motorizado

---

el comercio al por mayor y al por menor (que abarca hoteles y restaurantes), transporte y servicios de la administración pública, financieros, profesionales y personales como educación, atención médica y actividades inmobiliarias. También se incluyen gastos imputados por servicios bancarios, derechos de importación y toda discrepancia estadística que adviertan los recopiladores nacionales, así como toda discrepancia que surja de los reajustes. El valor agregado es la producción neta de un sector después de sumar todos los productos y restar los insumos intermedios. Se calcula sin hacer deducciones por depreciación de bienes manufacturados o por agotamiento y degradación de recursos naturales. El origen del valor agregado se determina a partir de la CIIU, Revisión 3.
Nota: Para los países que contabilizan en base valor agregado, se utiliza como denominador el valor agregado bruto al costo de los factores.

la integración vertical entre empresas e incidido en la globalización económica. A su vez, juegan un rol destacado en la productividad de los países y han contribuido a mejorar el bienestar de los habitantes.

Existe otro cambio al interior de los países que también está vinculado con los servicios estructurales. Este cambio tiene que ver con el modo de suministro de este tipo de servicios. Tradicionalmente, muchos de los servicios que caen dentro de la categoría de estructurales eran prestados por la administración pública. Dado su valor estratégico, era el Estado el que se ocupaba de su provisión. Sin embargo, desde hace más de una década, el suministro de los servicios estructurales a través del modo 3, presencia comercial ha aumentado de manera considerable, aumento ligado a la inversión extranjera directa.

1.2.2. El comercio internacional

Los servicios ocupan un lugar creciente en el comercio internacional. En su última aproximación, la OMC los calculó en un 20% del intercambio comercial internacional total.[6] Si bien existen serias dificultades para realizar una adecuada medición del comercio internacional de servicios, la OMC estima un aumento del sector, sostenido en los años venideros. La participación de los diferentes países no es homogénea, sin embargo todos muestran una tendencia hacia una participación cada vez mayor en el comercio exterior de servicios. En el cuadro siguiente se grafica la participación de los países de la Asociación Latinoamericana de Integración (ALADI).[7]

---

[6] www.wto.org
[7] Los Estados Miembros son: Argentina, Bolivia, Brasil, Chile, Colombia, Ecuador, México, Paraguay, Perú, Uruguay, Venezuela y Cuba.

Cuadro 3: Exportaciones e importaciones mundiales de servicios

	EXPORTACIONES MUNDIALES DE SERVICIOS (en millones de dólares)							
	1990	2000	2001	2002	2003	2004	2005	2006	2007
MUNDO	830.188	1.526.612	1.532.324	1.642.145	1.896.403	2.285.210	2.537.920	2.826.007	3.337.492
ALADI	21.825	43.117	41.138	39.420	42.749	49.935	60.782	68.436	78.868
%ALADI	2,6	2,8	2,7	2,4	2,3	2,2	2,4	2,4	2,4
	IMPORTACIONES MUNDIALES DE SERVICIOS (en millones de dólares)							
MUNDO	870.896	1.536.564	1.561.743	1.640.987	1.872.796	2.227.426	2.459.922	2.716.233	3.102.922
ALADI	31.032	62.004	61.814	55.498	58.178	65.995	79.214	89.042	104.021
%ALADI	3,6	4,0	4,0	3,4	3,1	3,0	3,2	3,3	3,4

Fuente: Conferencia de las Naciones Unidas sobre Comercio y Desarrollo (UNCTAD). Handbook of Statistics 2008 (TD/STAT.33), 29/07/2008.

En el plano mundial, el comercio exterior de servicios reporta extraordinarias ganancias que, a su vez, muestran una tendencia marcadamente ascendente. En el caso de los países analizados en el presente trabajo, el comercio exterior de servicios registrado ocupa un lugar llamativamente pequeño en las exportaciones totales. El cuadro siguiente arroja el porcentaje del comercio de servicios en el PBI de cada uno de los diez países bajo estudio y en los últimos años disponibles.

Cuadro 4: Importancia del comercio exterior de servicios, según porcentaje del comercio exterior total.

País	2005	2006	2007	2008
Argentina	7,8	7,7	8,1	7,6
Bolivia	13,2	11,4	10,7	9,2
Brasil	4,6	4,5	4,6	4,9
Chile	12,6	11,1	11,5	13,1
Colombia	5,1	5,5	4,8	4,6
Ecuador	8,5	8,1	8,2	7,8
Paraguay	13,4	12,7	11,7	10,3
Perú	6,8	6,6	7,1	7,1
Uruguay	13	11,8	12,2	11,3
Venezuela	4,6	4,1	4,6	4

Elaboración propia con información del Fondo Monetario Internacional.[8]

El comercio de servicios se calculó a partir de la suma de las exportaciones e importaciones de este sector. Estos números pueden parecer llamativamente bajos, sin embargo se debe recordar las dificultades para la correcta medición de los servicios y su comercialización para valorar dichas cifras.

---

[8] Fondo Monetario Internacional, "Anuario de Estadísticas de balanza de pagos y archivos de datos, y estimaciones del PIB del Banco Mundial y la OCDE".

Cuadro 5: Balanza comercial de servicios de los países de la ALADI

	1990	2000	2001	2002	2003	2004	2005	2006	2007
Exportaciones	21.825	43.117	41.138	39.420	42.749	49.935	60.782	68.436	78.868
Importaciones	31.032	62.004	61.814	55.498	58.178	65.995	79.214	89.042	104.021
(X-M)	-9.207	-18.887	-20.676	-16.077	-15.429	-16.061	-18.432	-20.606	-25.153
(X+M)	52.856	105.121	102.953	94.918	100.927	115.930	139.995	157.479	182.889

Fuente: Asociación Latinoamericana de Integración (ALADI), 2008. Expresado en millones de dólares.
(X-M)= Exportaciones netas
(X+M)=Comercio Exterior Total

Como se observa, la balanza comercial de estos países arroja resultados crecientemente deficitarios en el comercio internacional de servicios. Paralelamente, el monto total comercializado es cada vez mayor: dos décadas atrás se trataba de 52.856 millones de dólares y para el año 2007 esa cifra ascendió a 182.889 millones. Los datos presentados, sumados a la posibilidad de los servicios de ser comercializados por diferentes modos, hicieron necesario un cambio radical en las reglas de juego del comercio mundial.

A partir de la creación de la OMC, los servicios pasan a estar incluidos en las reglas internacionales del comercio mundial. Sin embargo, a diferencia de lo que ocurre con el comercio de bienes, las negociaciones sobre servicios se van desarrollando a través de los compromisos que cada país presenta para cada subsector y en cada modo. Esto equivale a decir que no hay, necesariamente, una reciprocidad entre los compromisos asumidos y las posibilidades de exportar a las que un país accede.

Los servicios educativos, a los que se dedica el presente trabajo, corresponden al sector número 5 del GNS/W/120 llamados servicios de enseñanza. El GNS/W/120 consiste en un documento base utilizado para clasificar los servicios y a partir del cual cada país elaboró su lista de compromisos. Es un listado de los doce sectores de servicios incluidos en el AGCS cada uno dividido en subsectores. Dentro de los servicios educativos, se encuentran: a) Servicios de enseñanza primaria; b) Servicios de enseñanza secundaria; c) Servicios de enseñanza superior; d) Servicios de enseñanza de adultos; e) Otros servicios de enseñanza (OMC, 2005: GNS/W/120).

Dentro de los servicios de educación superior se incluyen los servicios educativos técnicos y vocacionales de post-secundaria y otros servicios de educación superior conducentes a título universitario o su equivalente. Además, en el Consejo del Comercio de Servicios de la OMC se solicitó que "queden abarcados en el concepto de enseñanza los servicios de capacitación y los servicios de pruebas educativas" (OMC, 2000). En este último documento se deja constancia de la similitud entre los servicios de capacitación y los de enseñanza, si bien los últimos incluyen más teoría y los primeros se vinculan al trabajo y exigen frecuentemente el manejo práctico de herramientas, instrumentos y equipo. Asimismo, se considera que los servicios de pruebas educativas son un escalón básico y fundamental del proceso de aprendizaje, importantes para la evaluación de los estudiantes y del material a utilizar. Estos servicios incluyen el diseño y realización de pruebas, como así también la evaluación de los resultados.

Este modo de presentar los sectores y subsectores[9] permitió a cada Estado miembro del acuerdo elegir en qué sectores o subsectores contraer compromisos, siendo una prerrogativa particular de cada país. Esta característica del AGCS introduce una complejidad adicional en las negociaciones, dado que para comprender

---

[9] Se refiere al ofrecido en el documento GNS/W/120, que cada Estado miembro completa según su criterio y que consta de un listado de los doce sectores de servicios divididos en los correspondientes subsectores, y acompañado por otras tres columnas para los compromisos específicos. A saber: Acceso al Mercado; Trato Nacional; Otros Compromisos. Presentado de esta manera, cada país elige qué grado de liberalización aceptar para cada compromiso de cada subsector y en cada modalidad de exportación.

el grado de apertura que se permite en cada sector, no basta conocer los compromisos aceptados por un país: es necesario comprender cómo se maneja el resto de los países respecto de ese sector específico.

De la misma manera, no es posible realizar generalizaciones al hablar de un subsector. Sería incorrecto afirmar que el sector de la educación se encuentra liberalizado ya que un país puede abrirse por completo y paralelamente otro puede permanecer cerrado. Por este motivo, cuando la empresa de un país piense en exportar servicios educativos podrá encontrase con barreras o facilidades dependiendo de cada país. En consecuencia deberá conocer las particularidades de cada país antes de planificar una actividad de exportación.

El análisis de este trabajo abarca por un lado las perspectivas de Argentina en las negociaciones que, si bien tuvieron un importante puntapié inicial en 1994 con la suscripción del AGCS y la presentación de listas de compromisos de cada Estado parte, proseguirán en curso para perfeccionar la performance de los intercambios a nivel internacional. Y por otro lado, el análisis se concentra en el resto de los países Sudamérica, debido a la facilidad para realizar intercambios comerciales con Argentina en materia educativa.

Los servicios educativos, por su valor formativo, cultural, académico y la incidencia directa en el crecimiento de los países, ocupan un lugar destacado en el debate que una nación puede hacer acerca de su oferta y su demanda.[10] La polémica desatada sobre si es acertado

---

[10] Sobre la incidencia en los países de América Latina de las negociaciones de comercio de servicios educativos en el seno de la OMC y el control de calidad de los mismos, se puede consultar a GARCÍA-GUADILLA, Carmen, DIDOU AUPETIT, Sylvie y

o no incluir la educación dentro de los servicios comerciales ha generado ríos de tinta y los debates proseguirán en el tiempo.[11] Sin embargo, esta disputa entre los países más liberales, encabezados por Estados Unidos, y los partidarios de excluir a los servicios educativos del ámbito de la OMC (en las posturas más extremas) o de limitar la liberalización de este sector a una apertura cuidada por otra (en las posturas más moderadas), no resulta objeto de este trabajo.

La presente investigación parte de dos realidades: 1) los servicios educativos forman parte del AGCS y algunos países ya han comenzado a formalizar compromisos en algunos subsectores; 2) la creciente exportación de servicios educativos, pendiente aún de reglamentarse.

1.2.3. Modos y servicios educativos

Las características de los servicios los hacen factibles de ser suministrados en los modos descriptos en el artículo 1, inciso 2 del AGCS que detallamos a continuación. En el caso de los servicios de enseñanza, los modos pueden adoptar las siguientes formas:

En el modo 1, comercio transfronterizo, se ubican los casos de la educación a distancia por diferentes medios: virtuales, electrónicos, por correspondencia y aquellos en los que el servicio, valiéndose de un soporte material o virtual, traspase las fronteras estatales para

---

MARQUIS, Carlos, "New Providers, Transnational Education and Accreditation of Higher Education in Latin America." (Nuevos proveedores, Educación Transnacional y Acreditación de la Educación Superior en América Latina), IESALC/UNESCO, 2002.

[11] Al respecto, se pueden consultar los trabajos de GARCÍA GUADILL, 2004, TÜNNERMANN BERNHEIM, 2008, ALTBACH y KNIGHT, 2006, DE WIT, 2005.

llegar desde la plaza del productor hasta la plaza del consumidor, sin necesidad de que estos dos actores tengan proximidad geográfica.

Para que el modo 2, consumo en el extranjero, sea posible es necesario que el consumidor se traslade al país del productor para consumir el servicio que este último provee. Es el caso de los estudiantes que se trasladan a otro país para capacitarse en diversas áreas de conocimiento y regresan con un título otorgado por una institución extranjera. En este punto resulta necesaria una aclaración. En Argentina, la educación pública, incluso la de nivel superior universitaria, es gratuita aún para los extranjeros. Esto deja a este segmento específico de enseñanza fuera del acuerdo de la OMC dado que el AGCS sólo abarca a servicios comerciales, entendiendo a éstos como los que no se prestan en cumplimiento de las actividades gubernamentales. Esto significa que cuando un ciudadano extranjero se educa gratuitamente en Argentina no hay comercio, en consecuencia la actividad no puede considerarse dentro de los patrones de la OMC. De todas maneras, el presente trabajo analiza la educación superior de posgrado, que tanto a nivel público como privado es arancelada en la mayor parte de los países estudiados, y por lo tanto permite analizarse como un servicio comercial. En los casos de Brasil y Uruguay la enseñanza universitaria estatal es gratuita.

El modo 3, presencia comercial, implica el establecimiento de una institución extranjera en el territorio de un país para prestar un servicio a sus ciudadanos. En estrecha relación con la figura de la empresa transnacional, en este caso el prestador se vale de la apertura de una filial, de una sucursal o de la creación de la institución en otro país para realizar la prestación. A diferencia del modo 2, en este caso es el proveedor del servicio el que realiza el traslado al exterior para luego prestar el servicio en la plaza del consumidor.

El modo 4, traslado de profesionales, es similar al modo 3 dado que sigue siendo el proveedor del servicio el que se traslada a la plaza del consumidor. En este modo, profesionales independientes o contratados por una institución extranjera viajan a otro país para brindar sus servicios como profesores, docentes, maestros, investigadores. No es la persona jurídica la que se traslada, sino la persona física.

1.2.4. Características generales de los países analizados

Los países de América del Sur elegidos para esta investigación resultan los más importantes, tanto por el volumen de población como por su desarrollo económico. Todos presentan una oferta de servicios educativos de nivel superior de posgrado considerable, y es abundante también la formación en el área específica de las ciencias sociales.

Respecto del AGCS, ninguno de los diez miembros elegidos ha contraído compromisos en el sector 5 correspondiente a servicios educativos. Sin embargo, la exportación de servicios entre los países del Sur de América es un hecho que adquiere cada vez más importancia, tanto por la creciente presencia de Universidades extranjeras en esos países,[12] por el traslado de alumnos y profesores y hasta por el despegue de *e-learning* y las aulas virtuales. De allí nace la necesidad de acercarse a la oferta y demanda en cada país como paso previo

---

[12] Argentina cuenta con la Universidad de Bologna en la Ciudad Autónoma de Buenos Aires.

indispensable para mejorar la performance comercializadora de Argentina.

No puede dejar de mencionarse que, junto con los proveedores regionales, Universidades, Casas de Altos estudios y profesores de diferentes lugares del mundo (principalmente Europa y Estados Unidos) forman parte importante de las transacciones comerciales educativas del subcontinente. Sin embargo, a los fines del presente trabajo sólo se considerará la oferta y demanda de proveedores y consumidores nacionales de Argentina, Bolivia, Brasil, Colombia, Chile, Ecuador, Paraguay, Perú, Uruguay y Venezuela.

CAPÍTULO 2: DEMANDA EN AMÉRICA DEL SUR

2.1. Objetivos y metodología de investigación

Conocer la demanda de servicios educativos de posgrado en ciencias sociales en los países de América del Sur requiere el uso de herramientas estadísticas de medición aportadas por los propios países a investigar. En el presente trabajo se realiza una aproximación a la demanda potencial de servicios educativos de posgrado, aplicando los resultados de los censos de población y encuestas permanentes de hogares oficiales de cada país, con el objetivo de evaluar posibilidades de negocios desde el punto de vista del sector de los proveedores de este tipo de servicios.

Por otro lado, es relevante para el país conocer la demanda en este nicho específico como información previa para las negociaciones que permanentemente se llevan a cabo en el ámbito internacional. Resulta oportuno recordar que tanto Argentina como el resto de los países sudamericanos aún no contrajeron compromisos en el plano de la OMC (en el Acuerdo General de Comercio de Servicios-AGCS) relativos al sector de servicios educativos.[13]

La aproximación a la demanda se realizará a través del cruce de variables demo- socio-económicas en cada uno de los diez países analizados.

---

[13] Los servicios educativos son el sector 5 dentro del documento GNS/W/120 utilizado para las negociaciones internacionales.

Se considerarán las siguientes variables:
a. **Estudios realizados (Población según estudios):** serán tenidos en cuenta aquellos que hayan completado la educación terciaria.[14]
b. **Población en edad de realizar un estudio de posgrado (Población según edad):** del universo recortado por la variable A, se extrae el segmento poblacional de entre 25 y 60 años, dado que se fija la edad mínima considerable a los fines de este trabajo en 25 años, pensando en aquellas personas que habiendo completado un estudio terciario tuvieron al menos dos años de experiencia laboral. La edad máxima se fijó en 60 años, considerando que más allá de esta etapa, la mayor parte de las personas no considerarían realizar un posgrado.
c. **Población según los ingresos anuales (Población según ingresos):** la razón de incluir este dato estriba en el hecho de que el factor económico es un punto a tener en cuenta cuando una persona emprende un estudio de posgrado. El potencial estudiante considerará, además de la cuota que exija el curso elegido y la inversión que deberá realizar en libros, apuntes y material didáctico en general, el costo del tiempo por las horas no trabajadas y dedicadas al

---

[14] Al iniciar un estudio de posgrado, las leyes de los países de América del Sur coinciden en exigir como requisito haber culminado un estudio de grado. La educación terciaria abarca tanto los estudios universitarios, conducentes al título de grado, como a los no universitarios, conducentes simplemente a un título. No siempre que se culmine un estudio terciario se estará en condiciones de iniciar un estudio de posgrado. Sin embargo utilizamos ese indicador por carecer de mayor precisión en los sistemas estadísticos ni en los resultados de encuestas poblacionales nacionales ni internacionales.

estudio. En caso de que el futuro estudiante decida importar su servicio de educación a través del modo 2, deberá realizar una estimación sobre el costo de la vida en el país extranjero que elija. Los ítems mencionados son de vital importancia al decidir realizar un curso de posgrado y, sin dudas, serán puestos a consideración. Sin embargo, no es el objetivo del presente trabajo analizar el porcentaje de la población que dispondría de los fondos necesarios para importar un servicio de educación en alguno de sus modos, o simplemente consumir los provistos por las empresas de su país. Para dicha selección se necesitará un análisis pormenorizado de cada país demandante, acompañado con el correspondiente estudio sobre los aranceles y el costo de vida en el país oferente. El presente trabajo se limita a aportar los datos generales sobre el ingreso anual promedio en cada país para ilustrar las diferencias entre los ciudadanos de diferentes países en cuanto a las posibilidades de emprender este tipo de estudios.

d. **Tendencia hacia la selección de un estudio dentro de las ciencias sociales (Tendencia del estudiantado).** Dentro del universo poblacional en condiciones de emprender un estudio de posgrado, habrá que discriminar entre los que podrían optar por una ciencia social y los que elegirían otra rama de estudio. El presente trabajo se valdrá de la tendencia del estudiantado en el nivel de grado hacia el estudio de ciencias sociales, resultado de la cantidad de matrículas registradas en dicha área en el último año del cual se halló información pertinente.

La fuente utilizada para las variables a, b y c es el Sistema de Información Estadístico de TIC, desarrollado por el Observatorio para la Sociedad de la Información en Latinoamérica y el Caribe, OSILAC.[15] La información aportada por el sistema surge de las Oficinas Nacionales de Estadística (ONE), la Unidad de Estadísticas Sociales de la División de Estadística y Proyecciones Económicas de la CEPAL, y del equipo de trabajo del Banco de Datos de Encuestas de Hogares BADEHOG.

Para conocer el nivel de ingreso con el que dispone la población se utilizará la información de la CIA que calcula el PBI (expresado en dólares estadounidenses) sobre una base de la paridad del poder adquisitivo, dividido por la población a mitad del año de que se trate. Finalmente, la variable se obtuvo a partir de informes de los Ministerios de Educación de cada país y estadísticas educativas. Si bien no en todos los países fue el mismo, se recurrió al dato más reciente. Por estos motivos, sumado a la carencia de datos correspondientes a las matrículas actuales y en el nivel de posgrado, el recorte realizado resulta una aproximación.

---

[15] OSILAC es el Sistema de Información Estadístico de Tecnologías de la Información y Comunicación que utiliza las encuestas de hogares de los países de América Latina y el Caribe. Fue creado por el Proyecto Observatorio para la Sociedad de la Información en Latinoamérica y el Caribe, que a su vez forma parte del Programa Sociedad de la Información de la División de Desarrollo Productivo y Empresarial de la CEPAL. Está respaldado por el Instituto para la Conectividad en las Américas del Centro Internacional de Investigaciones para el Desarrollo (IDRC) de Canadá. Fue aprobado por la Conferencia Estadística de las Américas en su cuarta reunión (Resolución sobre estadísticas de TIC de la CEA, Julio 27 de 2007). La información suministrada se encuentra disponible on line en el sitio web: www.cepal.org/tic/flash

2.2. Información estadística por país

La información obtenida de la herramienta descripta en el párrafo anterior se compila en los siguientes apartados. Resulta de estos informes la aproximación a la demanda potencial de servicios educativos de nivel de posgrado en América del Sur.

2.2.1. Bolivia

Cuadro 6: Estudios realizados

Educación de la persona	%
Sin educación formal o educación pre-primaria	9.8
Educación primaria o primer ciclo de la educación básica	33.2
Educación secundaria o segundo ciclo de la educación básica	32.1
Educación post-secundaria no terciaria o terciaria incompleta	8.6
Educación terciaria	5.0
Na/Nr	11.2
Total	99,9

Fuente: elaboración propia a partir de datos del Observatorio para la Sociedad de la Información en Latinoamérica y el Caribe (OSILAC), 2010.

Cuadro 7: Población en edad de iniciar un posgrado (%)

Edades simples	%	Edades simples	%
25	1.6	43	1.0
26	1.3	44	0.9
27	1.6	45	1.1
28	1.7	46	0.6
29	1.1	47	1.1
30	1.6	48	1.0
31	1.1	49	0.8
32	1.4	50	0.9
33	1.1	51	0.8
34	1.0	52	0.9
35	1.3	53	0.8
36	0.9	54	0.8
37	1.5	55	0.8
38	1.3	56	0.5
39	1.1	57	0.6
40	1.5	58	0.6
41	0.9	59	0.5
42	1.0	60	0.5
Total	31,8		

Fuente: elaboración propia a partir de datos del Observatorio para la Sociedad de la Información en Latinoamérica y el Caribe OSILAC, 2010.

Cuadro 8: Población apta para iniciar un posgrado

Bolivia	Resultados en %	Cantidad de personas
Encuesta de Hogares 2007		
Población total		9.902.633
Población que finalizó la educación superior	5	495.132
Población en edad de iniciar un posgrado	31,8	**157.452**

Fuente: elaboración propia a partir de datos del Observatorio para la Sociedad de la Información en Latinoamérica y el Caribe OSILAC, 2010.

Cuadro 9: Aproximación al ingreso

Año	Ingreso per cápita según paridad de poder adquisitivo en dólares estadounidenses de 2009
2009	4.700
2008	4.600
2007	4.400

Fuente: elaboración propia con información de la Agencia Central de Inteligencia (CIA), 2009.

2.2.2.-Brasil

Cuadro 10: Estudios realizados

Educación de la persona	%
Sin educación formal o educación pre-primaria	21.2
Educación primaria o primer ciclo de la educación básica	23.5
Educación secundaria o segundo ciclo de la educación básica	45.3
Educación post-secundaria no terciaria o terciaria incompleta	4.0
Educación terciaria	**5.7**
Na/Nr	0.3
Total	100.0

Fuente: elaboración propia a partir de datos del Observatorio para la Sociedad de la Información en Latinoamérica y el Caribe OSILAC, 2010.

Cuadro 11: Población en edad de iniciar un posgrado (%)

Edades simples	%	Edades simples	%
25	1.8	43	1.4
26	1.8	44	1.4
27	1.7	45	1.3
28	1.7	46	1.3
29	1.6	47	1.2
30	1.6	48	1.3
31	1.5	49	1.2
32	1.5	50	1.2
33	1.5	51	1.1
34	1.5	52	1.1
35	1.5	53	1.1
36	1.4	54	1.0
37	1.4	55	1.0
38	1.4	56	0.9
39	1.4	57	0.8
40	1.5	58	0.9
41	1.3	59	0.8
42	1.4	60	0.8
Total: 47,3			

Fuente: elaboración propia a partir de datos del Observatorio para la Sociedad de la Información en Latinoamérica y el Caribe OSILAC, 2010.

Cuadro 12: Población apta para iniciar un posgrado

Brasil	Resultados en %	Cantidad de personas
Pesquisa Nacional por Amostra Domicilios, 2008		
Población Total		189.952.294
Población que finalizó la educación terciaria	5,70%	10.827.281
Población en edad de iniciar un posgrado	47,30%	**5.121.304**

Fuente: elaboración propia a partir de datos del Observatorio para la Sociedad de la Información en Latinoamérica y el Caribe OSILAC, 2010.

Cuadro 13: Aproximación al ingreso.

Año	Ingreso per cápita según paridad de poder adquisitivo en dólares estadounidenses de 2009
2009	10.200
2008	10.300
2007	10.000

Fuente: elaboración propia con información de la Agencia Central de Inteligencia (CIA), 2009.

2.2.3. Chile

Cuadro 14: Estudios realizados

Educación de la persona	%
Sin educación formal o educación pre-primaria	12.9
Educación primaria o primer ciclo de la educación básica	23.7
Educación secundaria o segundo ciclo de la educación básica	47.7
Educación post-secundaria no terciaria o terciaria incompleta	10.8
Educación terciaria	4.3
Na/Nr	0.6
Total	100.0

Na/Nr: No aplica/ No responde.
Fuente: elaboración propia a partir de datos del Observatorio para la Sociedad de la Información en Latinoamérica y el Caribe OSILAC, 2010.

Cuadro 15: Población en edad de iniciar un posgrado (%)

Edades simples	%	Edades simples	%
25	1.6	43	1.5
26	1.5	44	1.3
27	1.4	45	1.4
28	1.4	46	1.4
29	1.2	47	1.3
30	1.5	48	1.4
31	1.2	49	1.2
32	1.4	50	1.5
33	1.4	51	1.0
34	1.3	52	1.2
35	1.3	53	1.1
36	1.4	54	1.1
37	1.3	55	0.9
38	1.5	56	1.1
39	1.4	57	0.7
40	1.8	58	0.9
41	1.2	59	0.8
42	1.7	60	1.0
Total: 46,3			

Fuente: elaboración propia a partir de datos del Observatorio para la Sociedad de la Información en Latinoamérica y el Caribe OSILAC, 2010.

Cuadro 16: Población apta para iniciar un posgrado

Chile	Resultados en %	Cantidad de Personas
Encuesta CASEN, 2006		
Población total		16.152.353
Población que finalizó la educación superior	4,30%	694.551
Población en edad de iniciar un posgrado	46,30%	**321.577**

Fuente: elaboración propia a partir de datos del Observatorio para la Sociedad de la Información en Latinoamérica y el Caribe OSILAC, 2010.

Cuadro 17: Aproximación al ingreso

Año	Ingreso per cápita según paridad de poder adquisitivo en dólares estadounidenses de 2009
2009	14.700
2008	15.100
2007	14.700

Fuente: elaboración propia con información de la Agencia Central de Inteligencia (CIA), 2009.

2.2.4. Colombia

Cuadro 18: Estudios realizados

Educación de la persona	%
Sin educación formal o educación pre-primaria	7.5
Educación primaria o primer ciclo de la educación básica	34.3
Educación secundaria o segundo ciclo de la educación básica	34.8
Educación post-secundaria no terciaria o terciaria incompleta	9.4
Educación terciaria	4.8
Na/Nr	9.1
Total	100.0

Fuente: elaboración propia a partir de datos del Observatorio para la Sociedad de la Información en Latinoamérica y el Caribe OSILAC, 2010.

Cuadro 19: Población en edad de iniciar un posgrado (%)

Edades simples	%	Edades simples	%
25	1.6	43	1.3
26	1.6	44	1.4
27	1.5	45	1.2
28	1.6	46	1.1
29	1.4	47	1.2
30	1.4	48	1.1
31	1.4	49	1.1
32	1.4	50	1.0
33	1.4	51	1.0
34	1.2	52	0.9
35	1.4	53	1.0
36	1.4	54	0.9
37	1.5	55	0.8
38	1.4	56	0.8
39	1.3	57	0.7
40	1.4	58	0.8
41	1.3	59	0.7
42	1.4	60	0.8
Total	43,4		

Fuente: elaboración propia a partir de datos del Observatorio para la Sociedad de la Información en Latinoamérica y el Caribe OSILAC, 2010.

Cuadro 20: Población apta para iniciar un posgrado

Colombia	Resultados en %	Cantidad de Personas
Encuesta de Calidad de Vida, 2008		
Población total		44.045.832
Población que alcanzó la educación superior	4,80%	2.114.200
Población en edad de iniciar un posgrado	43,40%	**917.563**

Fuente: elaboración propia a partir de datos del Observatorio para la Sociedad de la Información en Latinoamérica y el Caribe OSILAC, 2010.

Cuadro 21: Aproximación al ingreso

Año	Ingreso per cápita según paridad de poder adquisitivo en dólares estadounidenses de 2009
2009	9.200
2008	9.300
2007	9.200

Fuente: elaboración propia con información de la Agencia Central de Inteligencia (CIA), 2009.

2.2.5. Ecuador

Cuadro 22: Estudios realizados

Educación de la persona	%
Sin educación formal o educación pre-primaria	5.6
Educación primaria o primer ciclo de la educación básica	35.0
Educación secundaria o segundo ciclo de la educación básica	38.3
Educación post-secundaria no terciaria o terciaria incompleta	8.1
Educación terciaria	4.7
Na/Nr	8.3
Total	100.0

Fuente: elaboración propia a partir de datos del Observatorio para la Sociedad de la Información en Latinoamérica y el Caribe OSILAC, 2010.

Cuadro 23: Población en edad de iniciar un posgrado (%)

Edades simples	%	Edades simples	%
25	1.5	43	1.1
26	1.3	44	1.1
27	1.3	45	1.3
28	1.3	46	1.1
29	1.1	47	1.0
30	1.5	48	1.2
31	1.0	49	1.0
32	1.3	50	1.4
33	1.2	51	0.7
34	0.9	52	1.0
35	1.3	53	1.0
36	1.1	54	0.9
37	1.1	55	1.0
38	1.3	56	0.9
39	1.2	57	0.7
40	1.6	58	0.8
41	0.8	59	0.8
42	1.4	60	1.0
Total	40.2		

Fuente: elaboración propia a partir de datos del Observatorio para la Sociedad de la Información en Latinoamérica y el Caribe OSILAC, 2010.

Cuadro 24: Población apta para iniciar un posgrado

Ecuador	Resultados en %	Cantidad de Personas
Encuesta de Empleo, 2009		
Población total		14.081.060
Población que finalizó la educación superior	4,70%	661.810
Población en edad de iniciar un posgrado	40,20%	**266.048**

Fuente: elaboración propia a partir de datos del Observatorio para la Sociedad de la Información en Latinoamérica y el Caribe OSILAC, 2010.

Cuadro 25: Aproximación al ingreso

Año	Ingreso per cápita según paridad de poder adquisitivo en dólares estadounidenses de 2009
2009	7.400
2008	7.600
2007	7.300

Fuente: elaboración propia a partir de datos del Observatorio para la Sociedad de la Información en Latinoamérica y el Caribe OSILAC, 2010.

2.2.6. Paraguay

Cuadro 26: Estudios realizados

Educación de la persona	%
Sin educación formal o educación preprimaria	18.4
Educación primaria o primer ciclo de la educación básica	43.2
Educación secundaria o segundo ciclo de la educación básica	28.8
Educación postsecundaria no terciaria o terciaria incompleta	6.8
Educación terciaria	2.3
Na/Nr	0.5
Total	100.0

Fuente: elaboración propia a partir de datos del Observatorio para la Sociedad de la Información en Latinoamérica y el Caribe OSILAC, 2010.

Cuadro 27: Población en edad de iniciar un posgrado (%)

Edades simples	%	Edades simples	%
25	1.5	43	1.0
26	1.6	44	1.0
27	1.6	45	0.9
28	1.7	46	1.0
29	1.4	47	1.1
30	1.6	48	0.9
31	1.0	49	0.8
32	1.2	50	0.9
33	1.2	51	0.8
34	1.2	52	0.8
35	1.2	53	0.9
36	1.2	54	0.9
37	1.1	55	0.8
38	1.5	56	0.7
39	1.0	57	0.6
40	1.3	58	0.8
41	0.8	59	0.5
42	1.1	60	0.6
Total	**38.2**		

Fuente: elaboración propia a partir de datos del Observatorio para la Sociedad de la Información en Latinoamérica y el Caribe OSILAC, 2010.

Cuadro 28: Población apta para iniciar un posgrado

Paraguay	Resultados en %	Cantidad de Personas
Encuesta Permanente de Hogares, 2008		
Población total		6.164.082
Población que finalizó la educación superior	2,30%	141.774
Población en edad de iniciar un posgrado	38,20%	**54.158**

Fuente: elaboración propia a partir de datos del Observatorio para la Sociedad de la Información en Latinoamérica y el Caribe OSILAC, 2010.

Cuadro 29: Aproximación al ingreso

Año	Ingreso per cápita según paridad de poder adquisitivo en dólares estadounidenses de 2009
2009	4.100
2008	4.700
2007	4.500

Fuente: elaboración propia con información de la Agencia Central de Inteligencia (CIA), 2009.

2.2.7. Perú

Cuadro 30: Estudios realizados

Educación de la persona	%
Sin educación formal o educación preprimaria	11.3
Educación primaria o primer ciclo de la educación básica	33.6
Educación secundaria o segundo ciclo de la educación básica	35.2
Educación postsecundaria no terciaria o terciaria incompleta	14.1
Educación terciaria	5.7
Na/Nr	0.1
Total	100.0

Fuente: elaboración propia a partir de datos del Observatorio para la Sociedad de la Información en Latinoamérica y el Caribe OSILAC, 2010.

Cuadro 31: Población en edad de iniciar un posgrado (%)

Edades simples	%	Edades simples	%
25	1.6	43	1.4
26	1.5	44	1.3
27	1.6	45	1.2
28	1.5	46	1.2
29	1.4	47	1.1
30	1.4	48	1.3
31	1.4	49	1.2
32	1.4	50	1.2
33	1.4	51	1.0
34	1.5	52	1.0
35	1.3	53	1.0
36	1.3	54	1.0
37	1.3	55	1.0
38	1.4	56	0.8
39	1.3	57	0.8
40	1.3	58	0.7
41	1.2	59	0.8
42	1.3	60	0.7
Total	43.8		

Fuente: elaboración propia a partir de datos del Observatorio para la Sociedad de la Información en Latinoamérica y el Caribe OSILAC, 2010.

Cuadro 32: Población apta para iniciar un posgrado

Perú	Resultados en %	Cantidad de Personas
Encuesta Nacional de Hogares, 2009		
Población total		28.562.944
Población que finalizó la educación superior	5,70%	1.628.088
Población en edad de iniciar un posgrado	43,80%	**713.102**

Fuente: elaboración propia a partir de datos del Observatorio para la Sociedad de la Información en Latinoamérica y el Caribe OSILAC, 2010.

Cuadro 33: aproximación al ingreso.

Año	Ingreso per cápita según paridad de poder adquisitivo en dólares estadounidenses de 2009
2009	8.600
2008	8.600
2007	7.900

Fuente: elaboración propia con información de la Agencia Central de Inteligencia (CIA), 2009.

2.2.8.- Uruguay

Cuadro 34: Estudios realizados

Educación de la persona	%
Sin educación formal o educación preprimaria	3.4
Educación primaria o primer ciclo de la educación básica	53.7
Educación secundaria o segundo ciclo de la educación básica	14.3
Educación postsecundaria no terciaria o terciaria incompleta	18.8
Educación terciaria	4.0
Na/Nr	5.8
Total	100.0

Fuente: elaboración propia a partir de datos del Observatorio para la Sociedad de la Información en Latinoamérica y el Caribe OSILAC, 2010.

Cuadro 35: Población en edad de iniciar un posgrado (%)

Edades simples	%	Edades simples	%
25	1.2	43	1.3
26	1.2	44	1.2
27	1.2	45	1.2
28	1.2	46	1.2
29	1.2	47	1.3
30	1.4	48	1.3
31	1.3	49	1.3
32	1.3	50	1.3
33	1.4	51	1.2
34	1.3	52	1.2
35	1.2	53	1.2
36	1.3	54	1.2
37	1.3	55	1.1
38	1.3	56	1.1
39	1.2	57	1.0
40	1.3	58	1.1
41	1.1	59	1.0
42	1.3	60	1.1
Total	44.2		

Fuente: elaboración propia a partir de datos del Observatorio para la Sociedad de la Información en Latinoamérica y el Caribe OSILAC, 2010.

Cuadro 36: Población apta para iniciar un posgrado

Uruguay	Resultados en %	Cantidad de Personas
Encuesta Continua de Hogares, 2009		
Población total		3.023.656
Población que alcanzó la educación superior	4%	120.946
Población en edad de iniciar un posgrado	44,20%	**53.458**

Fuente: elaboración propia a partir de datos del Observatorio para la Sociedad de la Información en Latinoamérica y el Caribe OSILAC, 2010.

Cuadro 37: Aproximación al ingreso

Año	Ingreso per cápita según paridad de poder adquisitivo en dólares estadounidenses de 2009
2009	12.700
2008	12.600
2007	11.600

Fuente: elaboración propia con información de la Agencia Central de Inteligencia (CIA), 2009.

2.2.9. Venezuela

Cuadro 38: Estudios realizados

Educación de la persona	%
Sin educación formal o educación preprimaria	12.1
Educación primaria o primer ciclo de la educación básica	32.7
Educación secundaria o segundo ciclo de la educación básica	33.9
Educación postsecundaria no terciaria o terciaria incompleta	9.4
Educación terciaria	5.8
Na/Nr	6.2
Total	100.0

Fuente: elaboración propia a partir de datos del Observatorio para la Sociedad de la Información en Latinoamérica y el Caribe OSILAC, 2010.

Cuadro 39: Población en edad de iniciar un posgrado (%)

Edad simple	%	Edad simple	%
25	1.7	43	1.2
26	1.7	44	1.2
27	1.8	45	1.1
28	1.7	46	1.1
29	1.5	47	1.2
30	1.6	48	1.1
31	1.4	49	1.0
32	1.5	50	0.9
33	1.5	51	0.9
34	1.5	52	0.9
35	1.4	53	0.9
36	1.3	54	0.8
37	1.4	55	0.8
38	1.3	56	0.8
39	1.3	57	0.8
40	1.3	58	0.7
41	1.3	59	0.6
42	1.3	60	0.6

Total	43.1		

Fuente: elaboración propia a partir de datos del Observatorio para la Sociedad de la Información en Latinoamérica y el Caribe OSILAC, 2010.

Cuadro 40: Población apta para iniciar un posgrado

Venezuela	Resultados en %	Cantidad de Personas
Encuesta de Hogares por Muestreo, 2007		
Población total		27.404.667
Población que alcanzó la educación superior	5,80%	1.589.471
Población en edad de iniciar un posgrado	43,10%	**685.062**

Fuente: elaboración propia a partir de datos del Observatorio para la Sociedad de la Información en Latinoamérica y el Caribe OSILAC, 2010.

Cuadro 41: Aproximación al ingreso

Año	Ingreso per cápita según paridad de poder adquisitivo en dólares estadounidenses de 2009
2009	13.100
2008	13.600
2007	13.200

Fuente: elaboración propia con información de la Agencia Central de Inteligencia (CIA), 2009.

2.3. La demanda de servicios educativos de posgrado

La información presentada permite delimitar con mayor claridad el universo de potenciales consumidores de cursos de posgrado en América del Sur.

Cuadro 42: Demanda de servicios educativos de posgrado

País	Demanda
Bolivia	157.452
Brasil	5.121.304
Chile	321.577
Colombia	917.563
Ecuador	266.048
Paraguay	54.158
Perú	713.102
Uruguay	53.458
Venezuela	685.062
Total	**8.289.723**

Fuente: elaboración propia a partir de datos del Observatorio para la Sociedad de la Información en Latinoamérica y el Caribe OSILAC, 2010.

El cuadro contempla la cantidad de personas que, habiendo finalizado estudios terciarios, se encuentra en edad de iniciar un estudio de posgrado. Si bien esta suma no contempla las diferencias de ingresos que se registran según cada país, ayuda a acercarse al número total de personas en edad de emprender un posgrado.

Se puede afirmar que en América del Sur hay 8.289.602 personas que podrían optar por consumir un servicio educativo de posgrado. En este punto, el nivel de ingreso es un indicador importante, dado que a mayor poder adquisitivo aumentarán las posibilidades de inversión en educación. La información aportada por los sistemas estadísticos, no solamente de OSILAC sino también del Centro de Estudios Distributivos, Laborales y Sociales de la Universidad de La Plata, permite vislumbrar una coincidencia entre los sectores poblacionales de mayores ingresos y los de mayor nivel de educación. Lamentablemente, la información estadística proporcionada no permite establecer una correspondencia absolutamente directa entre ambos sectores.

De todas maneras un bajo nivel de ingresos no constituye un impedimento para la capacitación. Gracias a las becas que otorgan tanto los organismos estatales como las organizaciones internacionales este obstáculo puede ser superado. Se considerarán al analizar el universo de potenciales clientes.

Estas consideraciones sobre el nivel de ingreso en los diferentes países analizados permiten sostener que el universo seleccionado se forma de potenciales clientes. Entre esos más de ocho millones de personas se encuentran los posibles consumidores de servicios educativos de posgrado en ciencias sociales a los cuales Argentina podrá destinar su producción.

Resta ahora seleccionar del total obtenido que se observa en el último cuadro, la porción de potenciales estudiantes que posiblemente elija un posgrado dentro del área de las ciencias sociales. A falta de estadísticas actualizadas y generalizadas a nivel nacional (sólo fue posible acceder a resultados parciales correspondientes a la población estudiantil dentro de algunas universidades), se realiza una aproximación a partir de las matrículas de los estudiantes en el nivel de grado. Hubiese sido acertado, a falta de un dato concreto sobre el nivel de posgrado, analizar la información de los últimos cinco o diez años. Sin embargo estos datos tampoco estaban disponibles para todos los países.

Resulta importante exponer: la información que sigue permite suponer que no todo el universo de los 8.289.602 potenciales estudiantes opta por el área de conocimiento analizada. Dicha aproximación surge de los datos de los ministerios de educación de los países seleccionados y de censos de educación. Debido a que no toda la información corresponde al mismo año, se considera necesaria una actualización de la población estudiantil, actualmente no disponible al menos en las páginas web oficiales de las instituciones educativas de los países bajo análisis.

Sin perder de vista la seriedad de las consideraciones mencionadas, se expone en el cuadro siguiente la tendencia del estudiantado hacia la elección de un estudio dentro del área de las ciencias sociales.[16]

Cuadro 43: Tendencia del estudiantado a la elección de las ciencias sociales

País	Porcentaje (%) De estudiantes que optarían por Cs. Sociales	Población seleccionada	Potenciales estudiantes de ciencias sociales
Bolivia	50,31	157.452	79.214
Brasil	58,44	5.121.304	2.992.890
Chile	49,20	321.577	158.216
Colombia	55,49	917.563	509.156
Ecuador	54,44	266.048	144.837
Paraguay	64,19	54.158	34.764
Perú	54,00	713.102	385.075
Uruguay	66,45	53.458	35.523
Venezuela	44,50	685.062	304.853
Total		**8.289.724**	**4.644.528**

Fuente: elaboración propia con los datos extraídos de los organismos detallados en el Anexo.

---

[16] La definición del campo de las ciencias sociales corresponde a la determinación de cada país al respecto según lo expresado en las páginas de las universidades. Se optó por esta decisión dadas las diferencias que existen entre los diferentes países sobre la extensión del área.

La información compilada en el cuadro permite realizar un significativo recorte de la población objetivo. Si bien el número se reduce a la mitad, la búsqueda se acerca mucho más a los candidatos a emprender un estudio de posgrado dentro del área de las ciencias sociales. En este contexto, un total aproximado en 4.644.528 potenciales estudiantes es un universo más que estimulante, tanto para la empresa que piensa estrategias de negocios internacionales como para el Estado nacional que trabaja para obtener las mejores condiciones para sus nacionales, tanto personas físicas como jurídicas.

Los resultados son alentadores: las ciencias sociales representan, en siete de los nueve países, más del 50% de la tendencia de los estudiantes respecto del área de conocimiento a elegir, siendo Uruguay el país donde reviste mayor importancia (66,45%) y Brasil el que mayor cantidad de potenciales estudiantes ofrece con casi tres millones de personas.

Asimismo se advierte que ningún porcentaje resulta inferior al 44%, siendo Venezuela el país en donde menor predisposición demuestra el estudiantado hacia la elección de las ciencias sociales con un 44,5%.

CAPÍTULO 3: OFERTA EN AMÉRICA DEL SUR

3.1. Servicios educativos de posgrado en ciencias sociales en Argentina

3.1.1. Marco jurídico-institucional

La educación superior de posgrado en Argentina se encuentra reglada por la Ley de Educación Superior (LES) N° 24.521, sancionada el 20 de julio de 1995. La misma abarca a las instituciones de formación superior universitarias, no universitarias, nacionales, provinciales o municipales, públicas y privadas.[17] Con este instrumento, Argentina por primera vez se encuadra dentro de un marco regulador con una ley orgánica para todo el nivel superior. El presente trabajo no considerará las instituciones no universitarias por no otorgar títulos de posgrado. Las mismas sólo están habilitadas para brindar educación conducente a la obtención de postítulos.[18]

---

[17] Ley 24.521, Artículo 1: "Están comprendidas dentro de la presente ley las instituciones de formación superior, sean universitarias o no universitarias, nacionales, provinciales o municipales, tanto estatales como privadas, todas las cuales forman parte del Sistema Educativo Nacional regulado por la Ley 24.195". La 24.195 es la Ley Federal de Educación, sancionada el 14 de abril de 1993 y promulgada el 29 de abril de 1993.

[18] El artículo 19 de la Ley 24.521 sostiene: "Las instituciones de educación superior no universitaria podrán proporcionar formación superior de ese carácter, en el área de que se trate y/o actualización, reformulación o adquisición de nuevos conocimientos y competencias a nivel de postítulo. Podrán asimismo desarrollar cursos, ciclos o actividades que respondan a las demandas de calificación, formación y reconversión laboral y profesional".

Dentro de las instituciones universitarias cabe distinguir: *universidades nacionales; universidades provinciales; universidades privadas; institutos universitarios, estatales o privados;* que cuenten con el reconocimiento del Estado Nacional. Todas integran el Sistema Universitario Nacional.[19] La diferencia entre las universidades y los institutos universitarios consiste en que, mientras las primeras se dedican a una variedad de áreas temáticas y se componen de facultades, departamentos u otras unidades académicas, los segundos se concentran en una sola disciplina.[20]

Los títulos de posgrado en los que se centra el presente trabajo son: doctorado, maestría y especialización, reconocidos por la Resolución Ministerial 160/11. En el caso de la *Especialización*, su objetivo es profundizar en el conocimiento de un área profesional. Requiere una práctica intensiva y finaliza con la realización de un trabajo final integrador individual. La carga horaria mínima es de 360 horas reloj, independientemente del tiempo necesario para la realización del trabajo final.

Por su parte, la *Maestría* apunta a proporcionar una formación académica o profesional superior en una disciplina o área interdisciplinaria. Profundiza el desarrollo teórico, metodológico, tecnológico, de gestión o artístico profesional, para la investigación y el estado del conocimiento. Para la aprobación requiere la realización de un trabajo, proyecto, obra o tesis de maestría individual y escrito. Requiere de la dedicación de 700 horas reloj, destinando al menos 540 a cursos y

---

[19] Art. 26, Ley 24.521.
[20] Art. 27, Ley 24.521.

seminarios y las restantes al trabajo final u actividades complementarias.

El *Doctorado* se orienta a la investigación para la creación de aportes originales, en un área del conocimiento con excelencia académica. Los aportes se expresan en una tesis doctoral individual supervisada y evaluada por un jurado integrado por al menos un miembro externo a la institución universitaria. Cada institución asignará la carga horaria que considere adecuada a sus cursos de Doctorado.

Para acceder a uno de los mencionados posgrados, es requisito contar con un título de grado que podrán ser otorgados por universidades, institutos universitarios, centros de investigación o instituciones de formación profesional superior en convenio con las universidades. A su vez, los títulos de posgrado deberán contar con la aprobación de la Comisión Nacional de Evaluación y Acreditación Universitaria (CONEAU) o entidades privadas constituidas a tal fin,[21] así como del Ministerio de Educación de la Nación.[22] Los títulos, tanto de grado como de posgrado, reconocidos por este Ministerio, habilitan el ejercicio profesional en todo el territorio nacional.

La ley establece la responsabilidad indelegable del Estado en la prestación del servicio de Educación Superior de carácter público.[23] Asimismo, según el artículo

---

[21] Actualmente Argentina cuenta con una agencia de evaluación privada, la Fundación Argentina para la Evaluación y Acreditación Universitaria (FAPEYAU).
[22] Art. 39 y 45, Ley 24.521. Para mayor información sobre el procedimiento, consultar la Resolución N° 160/11 del Ministerio de Educación de la Nación, que fija los estándares que la CONEAU debe aplicar en los procesos de acreditación de Posgrado.
[23] Art. 2, Ley 24.521.

58 "corresponde al Estado nacional asegurar el aporte financiero para el sostenimiento de las instituciones universitarias nacionales, que garantice su normal funcionamiento, desarrollo y cumplimiento de sus fines".[24]

En relación a la educación privada, la ley sostiene que las universidades deben constituirse sin fines de lucro, adoptando por tal motivo, la forma de Fundaciones o asociaciones civiles. Previo informe favorable de CONEAU, el Poder Ejecutivo Nacional (PEN) autorizará su funcionamiento, indicando expresamente los títulos y grados a otorgar, por un período provisorio de seis años durante los cuales la institución se encontrará a prueba. Superado este lapso y habiendo obtenido resultados favorables, podrá ser reconocida por el PEN como institución universitaria privada de carácter permanente.[25]

Las universidades e institutos universitarios provinciales podrán otorgar títulos con el mismo grado de habilitación profesional que las universidades nacionales en caso de haber sido reconocidos por el PEN y de no entrar en contradicción con las autonomías de las provincias.[26]

Uno de los principios defendidos por la Ley de Educación es el de la autonomía universitaria. Entendiendo con esto que las universidades tienen la libertad de realizar aquello que competa a sus fines específicos, siempre y cuando no se encuentre restringido por una norma de igual jerarquía. Esta autonomía les otorga importantes atribuciones como: dictar y reformar sus estatutos, definir sus órganos de gobierno, establecer sus funciones, decidir su integración y elegir sus autoridades

---

[24] Ley 24.521.
[25] Art. 62 y 65, Ley 24.521, reglamentado por el Decreto 576/96.
[26] Art. 69, Ley 24.521.

de acuerdo a lo que establezcan sus estatutos y los que prescribe la LES, administrar sus bienes y recursos, crear carreras universitarias de grado y posgrado, formular y desarrollar planes de estudios, de investigación científica y de extensión y servicio a la comunidad, otorgar grados académicos y títulos habilitantes, entre otras.

Son las propias universidades o institutos universitarios los que fijan los requisitos de ingreso a estudios de posgrado sin importar, en la mayor parte de los casos, el país de procedencia del alumno. De esta manera, estas instituciones están habilitadas para prestar sus servicios también a extranjeros. El requisito que se exige por ley a aquellos que inicien un estudio de posgrado es contar con un título de grado que deberá tener el aval del Ministerio de Educación de la Nación.

El sistema de titulación también convalida el principio de autonomía de las universidades. El artículo 40 de la LES reza: "Corresponde exclusivamente a las instituciones universitarias otorgar el título de grado de licenciado y títulos profesionales equivalentes, así como los títulos de posgrado de magíster y doctor". Para la validación de los mismos sí entra en juego el Ministerio. En el artículo 41 se establece que "el reconocimiento oficial de los títulos que expidan las instituciones universitarias será otorgado por el Ministerio de Cultura y Educación".

El reconocimiento oficial de los títulos que expidan las instituciones universitarias será otorgado por el Ministerio de Cultura y Educación. Los títulos oficialmente reconocidos tendrán validez nacional. Los títulos oficialmente reconocidos tendrán validez nacional. Según el artículo 42, "los títulos con reconocimiento oficial certificarán la formación académica recibida y habilitarán para el ejercicio profesional respectivo en todo el territorio nacional, sin perjuicio del poder de policía sobre las profesiones que corresponde a las provincias".

En cuanto a la evaluación y acreditación, la LES introduce dos procesos que conviven: la autoevaluación por un lado, y la evaluación institucional externa por el otro. Esta última es obligatoria para todas las instituciones universitarias, públicas o privadas, y se realiza cada seis años.

Las universidades nacionales pueden revalidar títulos extranjeros, artículo 29, inciso k, Ley 24.521. Estos trámites se canalizan por las universidades nacionales y los procesos se desarrollan, en general, a través del sistema de equivalencias, materia por materia. Se hará una excepción en los casos en los que el país haya firmado convenios bi o multilaterales de reconocimiento de títulos universitarios. En tales casos se aplicará el sistema de convalidación, situación que actualmente se aplica en Bolivia, Ecuador, España, Colombia y Chile.

Para coordinar el Sistema Universitario de todo el país, Argentina se vale de los siguientes órganos:

- **Consejo de Universidades**: se ocupa de proponer políticas educativas y estrategias de desarrollo, al mismo tiempo que promueve la cooperación entre las instituciones universitarias. Su presidente es el Ministro de Educación o persona por él designada, y lo integran el Comité Ejecutivo del Consejo Interuniversitario Nacional, la Comisión Directiva del Consejo de Rectores de Universidades Privadas, un representante de cada consejo regional de planificación de la educación superior (que deberá ser rector de una institución universitaria) y un representante del Consejo Federal de Educación.[27]

---

[27] Art. 72, Ley 24.521.

- **Consejo Interuniversitario Nacional (CIN):** se compone de Rectores o Presidentes de las Instituciones Universitarias Nacionales y Provinciales que hayan sido reconocidas por la Nación.[28]
- **Consejo de Rectores de Universidades Privadas (CRUP):** representa a los establecimientos privados autorizados. Interviene en el planeamiento de la enseñanza universitaria privada en coordinación con el Ministerio de Educación y los Consejos de Rectores de las Universidades Estatales y Provinciales. Está conformado por los Rectores o Presidentes de las Instituciones Universitarias Privadas.
- **Consejos Regionales de Planificación de la Educación Superior (CPRES):** es el ámbito de coordinación que reúne los actores de la Educación Superior Argentina: Universidades Nacionales y Privadas, Gobierno Nacional y Gobiernos Provinciales.[29]
- Tanto el CRUP como los CPRES se ocupan de la coordinación de planes y actividades en materia académica, de investigación científica y de extensión entre las instituciones universitarias de sus respectivos ámbitos. Funcionan además como órganos de consulta en las materias y cuestiones que prevé la LES.

El Ministerio de Educación realizó un segundo relevamiento (el primero fue en el año 1997) sobre la población estudiantil de posgrado,[30] que recibe el nombre de Anuario Estadístico 2006.

---

[28] Art 73, Ley 24.521.
[29] El Decreto 602/95 define sus atribuciones y ámbito geográfico.
[30] En el propio documento el Ministerio deja constancia de las falencias del relevamiento y reconoce las posibilidades de mejora en la recopilación y sistematización de datos.

Cuadro 44: Estudiantes de posgrado

		Total		Total		Total	
		2000	2006	2000	2006	2000	2006
Total		**39.725**	**62.870**	**28.314**	**48.331**	**11.411**	**14.539**
Doctorado	Total	**6.046**	**11.548**	**4.395**	**10.254**	**1.651**	**1.294**
	Instituto Universitario	-	111	-	-	-	111
	Universidad	6.046	11.437	4.395	10.254	1.651	1.183
Especialidad	Total	**17.281**	**23.942**	**12.934**	**18.862**	**4.347**	**5.080**
	Instituto Universitario	211	1.099	60	296	151	803
	Universidad	17.070	22.843	12.874	18.566	4.196	4.277
Maestría	Total	**16.398**	**27.380**	**10.985**	**19.215**	**5.413**	**8.165**
	Instituto Universitario	386	782	352	383	34	399
	Universidad	16.012	26.598	10.633	18.832	5.379	7.766

Fuente: Ministerio de Cultura y Educación Argentina, 2006.

De los datos expresados se desprende que la educación pública tiene una importancia creciente por sobre la privada. Los alumnos en instituciones públicas para el año 2000 eran el 71% del total y para 2006 ascendían al 77%.

Cuadro 45: Estudiantes de posgrado por área de conocimiento

		Total		Estatal		Privado	
		2000	2006	2000	2006	2000	2006
Total		39.725	62.870	28.314	48.331	11.411	14.539
Ciencias Aplicadas	Total	5.322	10.031	4.867	9.150	455	881
	Doctorado	1.205	1.626	1.120	1.600	85	26
	Especialidad	1.617	3.825	1.478	3.300	139	525
	Maestría	2.500	4.580	2.269	4.250	231	330
Ciencias Básicas	Total	2.750	5.042	2.553	4.989	197	53
	Doctorado	1.460	3.805	1.460	3.805	-	-
	Especialidad	233	222	219	197	14	25
	Maestría	1.057	1.015	874	987	183	28
Ciencias de la Salud	Total	8.553	9.568	6.149	6.783	2.404	2.785
	Doctorado	344	903	306	756	38	147
	Especialidad	6.603	6.006	4.564	4.022	2.039	1.984
	Maestría	1.606	2.659	1.279	2.005	327	654
Ciencias Humanas	Total	6.625	12.947	5.626	10.397	999	2.550
	Doctorado	1.227	2.668	1.021	2.264	206	404
	Especialidad	1.937	4.475	1.491	3.818	446	657
	Maestría	3.461	5.804	3.114	4.315	347	1.489
Ciencias Sociales	Total	16.475	25.282	9.119	17.012	7.356	8.270
	Doctorado	1.810	2.546	488	1.829	1.322	717
	Especialidad	6.891	9.414	5.182	7.525	1.709	1.889
	Maestría	7.774	13.322	3.449	7.658	4.325	5.664

Fuente: Ministerio de Cultura y Educación Argentina, 2006.

A grandes rasgos y realizando una mera estimación se puede afirmar, según los datos del gráfico anterior, que los estudiantes de ciencias sociales de posgrado en Argentina ascienden aproximadamente al 60%. Se observa también una creciente preferencia de los alumnos por instituciones públicas. En el año 2000 estas instituciones concentraban el 55% del estudiantado y para 2006 el porcentaje ascendía al 67%.

3.1.2. Estudiantes extranjeros

En el año 2010 el Sistema Universitario Argentino cuenta aproximadamente con 24.000 estudiantes internacionales,[31] en los distintos niveles de educación superior. En el nivel de posgrado, los extranjeros ascendían a 4.251, con 2.455 en el sector público y 1.796 en el privado, en el año 2006.

No se debe perder de vista que este número podría ser muy diferente dependiendo de los métodos de medición. Las estadísticas y la medición del comercio exterior de servicios es sumamente complicada y la educación no es la excepción. Dado que los servicios educativos pueden suministrarse de maneras diferentes a la presencial, es posible que el conteo de alumnos que se educan a través de otros modos no logre efectuarse. Actualmente, el Estado no tiene un registro exhaustivo de la cantidad de matriculados extranjeros que se educan a través del modo 1 o modo 4 principalmente. Si se lograran perfeccionar los sistemas de contabilidad y gestión se hallaría, probablemente, que los alumnos extranjeros o internacionales ascienden a un número mayor a 24.000.

---

[31] Ministerio de Educación de Argentina. Se entiende en esta categoría a los estudiantes que no son ciudadanos argentinos, tanto extranjeros con o sin residencia.

3.1.3. Oferta académica

Argentina cuenta con una trayectoria académica de primer nivel que se remonta al período colonial. La primera universidad data del año 1613, en lo que después se constituirá como ciudad de Córdoba, tomando el nombre de Universidad de Córdoba.

Siglos más tarde, en 1821, se funda la Universidad de Buenos Aires. Décadas después, en 1853, el gobernador Juan Pujol en la provincia de Corrientes sanciona la primera Ley de Educación del país que establece la educación gratuita impartida desde el Estado. En 1884 se sanciona la Ley 1420, que establece la educación mixta, gratuita, laica, obligatoria y graduada.

La educación privada se ve convalidada por primera vez en 1958 con la sanción de la Ley 14.557 que autoriza el funcionamiento de universidades de este tipo.

La evaluación académica logra un importante avance con la creación de la CONEAU. Más adelante, entre 2002 y 2004, se aplican las pruebas internacionales de evaluación PIRLS y TIMSS.[32]

En la actualidad, Argentina ofrece a estudiantes nacionales y extranjeros una variada gama de programas de estudios en ciencias sociales. A continuación, se expone la síntesis de los cursos ofrecidos en todo el país.[33]

---

[32] Para mayor información consultar el sitio web: http://timssandpirls.bc.edu

[33] Los cuadros de oferta académica fueron elaborados consultando la página web de las universidades de los países de América del Sur de este estudio. El relevamiento comenzó en el mes de enero de 2010 y concluyó en el mes de septiembre. La información

Cuadro 46: Oferta de cursos de posgrado en ciencias sociales en Argentina

Cursos de posgrado en ciencias sociales en Argentina	
Especializaciones	235
Maestrías	231
Doctorados	93
Posdoctorados	1
Total	560

Fuente: Elaboración propia con datos de las páginas web de las Instituciones educativas del país, 2010.

3.2. Servicios educativos de posgrado en ciencias sociales en Bolivia

Marco jurídico-institucional

La educación superior en el país se encuentra regida por la Ley de Reforma Educativa 1.565 promulgada el 7 de julio de 1994. Comprende la formación en diferentes ciclos y modalidades: técnico (medio y superior), licenciatura y posgrado.[34] En el nivel superior la educación se imparte en facultades que pertenecen a universidades públicas y privadas, todas ellas reguladas por la Secretaría Nacional de Educación. Existe también educación superior no universitaria pero no será objeto del presente trabajo.

Las universidades públicas tienen la facultad de extender diplomas académicos y títulos de validez nacional, pudiendo ser de Especialización, Maestría o

---

presentada se desprende solamente de las publicaciones de las instituciones educativas de estos países en sus sitios web oficiales.

[34] Ley 1.565, Art. 14º.

Doctorado. Reciben financiamiento del Estado Nacional independientemente de los recursos departamentales, municipales y propios a los que pueda acceder.

Las universidades privadas que hayan sido autorizadas por el Poder Ejecutivo también podrán emitir diplomas académicos autorizados por el Estado.

La educación superior privada de posgrado se encuentra regulada por el Reglamento General de Postgrado para Universidades Privadas (RGPUP), aprobado mediante el Decreto Supremo 26275 del 5 de agosto de 2001.

Según el RGPUP, los programas de posgrado que se pueden ofrecer son de dos tipos. Por un lado, programas que no otorgan grado académico: cursos de educación continua, perfeccionamiento y actualización profesional y diplomado. Por otro, a diferencia del primero y objeto de este estudio, programas que otorgan grado académico: especialidad, maestría y doctorado.

Las leyes que rigen la vida universitaria se fundamentan en los principios constitucionales del derecho a enseñar y a aprender, la libertad de cátedra y la autonomía de las universidades.

Órganos nacionales a cargo de la administración de la educación superior
- **Congreso Nacional de Universidades**: órgano superior de gobierno y la máxima autoridad de la Universidad Boliviana. Sus reuniones son cada cuatro años, o extraordinariamente a pedido de cinco o más universidades. La preside el Rector de la universidad sede. Entre sus atribuciones se encuentran: la definición de las políticas y estrategias de la Universidad Boliviana, la creación de nuevas universidades públicas o privadas, y determinar la política económica y financiera.

- **Conferencia Nacional de Universidades:** es el órgano a cargo del gobierno entre uno y otro Congreso. Se reúne ordinariamente dos veces al año y extraordinariamente a pedido de tres o más universidades. Sus miembros son el Rector o Vicerrector que preside la delegación de su universidad, el Secretario Ejecutivo de la Federación universitaria de docentes, dos miembros del Comité Ejecutivo de la Confederación Universitaria Boliviana, dos delegados de la Confederación Universitaria de Docentes y un delegado con derecho a voz de la Federación de Trabajadores Administrativos de la Universidad Boliviana. Sus funciones son: evaluar las políticas y estrategias educativas de la Universidad Boliviana, ejecutar el Plan Universitario Nacional y fijar la escala de remuneración básica para todas las Universidades.

Validación y acreditación

Para controlar la calidad educativa del país, la Ley 1.565 creó el Sistema Nacional de Acreditación y Medición de la Calidad Educativa (SINAMED) y el Consejo Nacional de Acreditación y Medición de la Calidad Educativa (CONAMED), que administra al primero. Con estos organismos Bolivia pasa a estar dotada de un sistema que garantizará la calidad educativa superior.[35] La misma ley ratifica que las universidades privadas podrán expedir diplomas académicos y que los títulos en Provisión Nacional serán otorgados por la Secretaría Nacional de Educación.[36]

---

[35] Ley 1.565, Art.21.
[36] Ley 1.565, Art.23.

Estadísticas nacionales
Dentro de la educación superior, el nivel de posgrado representa un mínimo porcentaje. Mientras el nivel técnico comprende el 4,5% de la matrícula y el nivel de licenciatura el 94,5%, el posgrado apenas alcanza un 1%.

3.2.1. Oferta académica

Cuadro 47: Cursos de posgrado en ciencias sociales en Bolivia

Cursos de posgrado en ciencias sociales en Bolivia	
Especializaciones	29
Maestrías	130
Doctorados	5
Total	164

Fuente: Elaboración propia con datos de las páginas web de las instituciones educativas del país, 2010.

3.3. Servicios educativos de posgrado en ciencias sociales en Brasil

Marco jurídico-institucional

La educación de nivel superior en Brasil tuvo un desarrollo muy diferente al del resto de los países latinoamericanos. Como ejemplo basta mencionar la extensa historia en la materia de las ex colonias españolas, con una primera universidad creada en 1551. En este año se fundó la Real y Pontificia Universidad de San Marcos, en Lima, Perú, según la normativa de la monarquía española. En contraste, la primera universidad brasilera fue creada en Río de Janeiro en 1920. Sin embargo, una vez iniciado el proceso de creación de instituciones de enseñanza en el país, surgieron universidades de todo tipo: públicas (nacionales, estatales y municipales), privadas (con o sin fines de lucro, en este último caso pueden ser comunitarias, confesionales o filantrópicas y se encuentran exentas del pago de impuestos). El desarrollo del sector privado en la educación superior fue más lento que el público. Sus inicios se sitúan en la década de 1960, con la creación de un importante número de facultades aisladas ubicadas en zonas donde se registraba mayor demanda. A pesar de haber iniciado cuarenta años después, ya para la década del 1980, el 86% de los estudiantes concurría a establecimientos privados.

Sin ser ajeno a ese tardío desarrollo, la educación de posgrado en Brasil tuvo un profundo proceso de reforma que comenzó a fines de 1995 con la aprobación, en el mes de diciembre, de la Ley 9.131.

Con la nueva normativa se reformó el Consejo Federal de Educación y se sentaron las bases para la creación de nuevas instituciones de educación superior. El nuevo sistema tiene como puntos sólidos la flexibilidad, la competitividad y la validación. Los mismos se extienden tanto a las universidades públicas como a las privadas.

Además, las universidades de Brasil cuentan, a partir de la sanción de la constitución nacional de 1988, con la autonomía didáctico-científica, administrativa y de gestión financiera y patrimonial[37] que les permite crear, organizar y dar por finalizados los cursos, elaborar sus propios estatutos y atribuir títulos de grado, entre muchos otros.

Con respecto al tema específico del presente trabajo, cabe mencionar que a partir de la obtención de la citada autonomía, las universidades de Brasil, sin distinción

---

[37] Constitución Nacional de 1988, artículo 207.

entre públicas y privadas, están habilitadas para ofrecer cursos de posgrado, tanto en el nivel de doctorado y maestría, a los cuales los brasileros consideran *sentido estricto* y que conducen a los títulos de *máster* y *doctor* respectivamente, como en el nivel de especialización y perfeccionamiento, llamados de *sentido lato*, que no conducen a ningún título ni certificado de finalización.

En el año 1996, el sistema incorpora una nueva diversificación, de gran profundidad, con la Ley de Directrices y Bases de la Educación Nacional (LDBEN). El sistema pasa a estar dotado de universidades, centros universitarios e instituciones no universitarias que comprenden: facultades, institutos superiores de educación, centros federales de educación técnica y centros de educación tecnológica. Las universidades cuentan con la ventaja de poder crear carreras sin la necesidad de aprobación del Ministerio de Educación. Las demás instituciones precisan de la supervisión del Ministerio y del Consejo Nacional de Educación.

Esta nueva normativa establece que la educación superior será proporcionada por instituciones de nivel superior, públicas y privadas, y tanto la autorización para su funcionamiento como el reconocimiento de sus carreras y de sus títulos tendrá una validez limitada que deberá renovarse periódicamente a través de evaluaciones.

Validación de títulos

A pesar de la autonomía de la que gozan las universidades, el Decreto presidencial 3.860 del año 2001, responsabiliza al Ministerio de Educación de la coordinación en la validación de los cursos y programas de estudios ofrecidos por las instituciones de educación superior.

A cargo de la organización y ejecución de la validación está el Instituto Nacional de Estudios e Investigaciones Educacionales (INEP, según sus siglas en portugués). Para la educación de posgrado específicamente, la validación está a cargo de la Coordinación de Perfeccionamiento del Personal de Nivel Superior (CAPES, por sus siglas en portugués). Las funciones de la CAPES son: acompañar anualmente y realizar la validación trianual del desempeño de los programas y cursos que forman parte del Sistema Nacional de Posgraduación (SNPG). Para ser parte del SNPG, un programa o curso, tanto de una institución pública como privada, debe contar con la aprobación de la CAPES. Participa en la validación de las propuestas de nuevos programas y cursos en la que también intervienen el Ministerio de Educación y el Consejo Nacional de Educación. Los cursos y programas que se ofrezcan, sólo podrán tener títulos validados por el Ministerio si previamente lograron formar parte del SNPG.

Otro de los cambios de relevancia que introduce la nueva legislación de educación se refiere a los requisitos de ingreso. Si bien anteriormente la puerta de ingreso a la universidad era el vestivular, actualmente cada universidad fija los requisitos para el ingreso de alumnos, siempre que implemente un proceso selectivo basado en los criterios de igualdad de condiciones y equidad, y se exija al ingresante haber concluido la enseñanza media o secundaria.

A partir de la modificación en el ingreso a la formación de grado, surgieron consecuencias muy favorables en el sistema de posgrado: el notable aumento de cursos, programas y estudiantes. Entre 1994 y 1999 el número de cursos en las maestrías pasó de 1.159 a 1.339 y la cantidad de alumnos ascendió de 43.000 a 53.900. Brasil contó con poco menos de 9000 máster por año siendo hoy más de 14.400. Para el nivel de doctorado, los programas pasaron de 616, con menos de 19.000 alumnos, a 727 con 28.900. Los doctores graduados pasaron de menos de 2.500 por año a más de 4.700.

Educación a distancia

La LDBEN prevé la educación a distancia que se reglamenta de manera conjunta con el Ministerio de Educación, a través de un Decreto Presidencial de 1998. En él se fijan los requisitos para que la institución universitaria pueda solicitar la autorización al Ministerio para ofrecer sus cursos. Si se cumplen las exigencias, las universidades podrán valerse de videos, internet e impresos para trabajar con el alumno. Siempre completando el ciclo educativo con una parte presencial y prestando asistencia de tutores o docentes.

Estadísticas nacionales

El sistema de educación superior brasilero es considerado de *elite* dado que sólo el 9% de los jóvenes de entre 18 y 24 años tiene acceso. Esta situación impulsó al presidente Luiz Inácio "Lula" da Silva a plantear, en el Plan Nacional de Educación aprobado en el año 2000, la meta de elevar este número al 30% para el resto de la década.

3.3.1. Oferta académica

Cuadro 48: Cursos de posgrado en ciencias sociales en Brasil

Cursos de posgrado en ciencias sociales en Brasil	
Especializaciones	1400
Maestrías	862
Doctorados	394
Total	2656

Fuente: Elaboración propia con datos de las páginas web de las instituciones educativas del país, 2010.

3.4. Servicios educativos de posgrado en ciencias sociales en Chile

La educación superior en Chile experimentó cambios significativos a partir de la década de 1980 que dieron como resultado la multiplicación de instituciones, matrículas, carreras y el impulso del sector privado en el ámbito educativo.

Hasta esa época, la educación superior chilena era impartida exclusivamente por universidades públicas, con sedes en distintas ciudades del país. Tanto las instituciones públicas como las privadas recibían financiamiento público.

El marco normativo que permitió la creación y funcionamiento de las nuevas instituciones es el que comenzó a implementarse en 1990 con la Ley 18.962, del 7 de marzo. A partir de ese momento se posibilita la creación de instituciones privadas sin financiamiento estatal y se reestructuran las universidades estatales del momento. Las ocho universidades existentes en 1980 pasaron a ser veinticinco instituciones, mediante la separación de sus sedes.

El nuevo marco normativo consideró, además de las universidades, otras instituciones no universitarias legalmente capacitadas para brindar sus servicios educativos: los institutos profesionales y los centros de formación técnica. Más adelante, en 1998, se reconocieron como instituciones de educación superior a las organizaciones de formación dependientes de las Fuerzas Armadas y de Orden y Seguridad, y de la Policía de Investigaciones.

Actualmente hay tres tipos de instituciones de educación superior: universidades, institutos profesionales y centros de formación técnica. Para su funcionamiento necesitan del reconocimiento que el Estado Nacional otorga a través de un decreto del Ministerio de Educación. Las certificaciones académicas reconocidas oficialmente son: títulos técnicos de nivel superior, títulos profesionales y grados académicos. El presente trabajo se limita a las universidades por ser las únicas autorizadas para emitir grados académicos (específicamente magíster y doctor).

El grado de *magíster* requiere previamente el grado de licenciado o un título profesional equivalente. El aspirante deberá aprobar un programa de estudios de profundización en una o más disciplinas.

El grado de *doctor* requiere la obtención previa del grado de licenciado. El aspirante deberá demostrar su capacidad de efectuar investigaciones originales, así como de elaborar y defender una tesis que profundice los conocimientos de la disciplina estudiada.

Resulta interesante destacar el tratamiento que Chile otorga a los cursos de especialización. Los mismos corresponden al área de postítulos y reciben el nombre de: Profesional Especialista[38] o Especialización de Postítulo.[39]

La irrupción de una importante cantidad de instituciones educativas, que a lo largo de la década de 1980 alcanzaron las cuarenta universidades y ciento noventa centros de formación técnica, motivó el surgimiento del Consejo Superior de Educación en 1990. Este organismo público fue creado por la Ley Orgánica Constitucional de Enseñanza (LOCE) para administrar un nuevo sistema de supervisión de universidades e institutos profesionales privados. Actualmente este proceso se conoce con el nombre de licenciamiento.

Las universidades pueden ser autónomas o estar sometidas a un sistema de supervisión externa. En el primer caso, la autonomía se entiende en términos académicos, económicos y administrativos. Están facultadas para otorgar los títulos y grados que corresponda en forma independiente y actúan según lo establecido en los estatutos. A esta categoría pertenecen las universidades que hayan superado satisfactoriamente el período de prueba. El segundo caso se trata de instituciones nuevas que deben someterse al sistema de supervisión por un período determinado, desde su creación hasta alcanzar su autonomía institucional o su cierre.

Instituciones del Estado para la educación superior

Dado que corresponde al Estado garantizar la calidad en la educación superior, una pluralidad de órganos ayuda en esta función:

---

[38] Regulado por el Decreto 0010602 /17 de julio de 2000.
[39] Regulado por el Decreto 004222/ 9 de julio de 1993.

- **División de Educación Superior (DIVISUP):** vela por el cumplimiento de la normativa de la educación superior dentro de la competencia del Ministerio de Educación. Sus funciones son: proponer la asignación presupuestaria estatal a las instituciones de educación superior, coordinar la supervisión de centros de formación técnica creados antes de 1990, participar en el reconocimiento oficial de instituciones de educación superior.
- **El Consejo de Rectores (CRUCh):** coordina las actividades de las veinticinco universidades que lo conforman.
- **El Consejo Superior de Educación (CSE):** administra el licenciamiento de instituciones privadas de educación superior.
- **La Comisión Nacional de Acreditación (CNA):** verifica y promueve la calidad de las universidades, institutos profesionales y centros de formación técnica autónomos y sus carreras y programas de estudios de grado y posgrado.
- **La Comisión de Evaluación de la Calidad de Programas de Posgrado de Universidades Autónomas (CONAP):** asesora al Ministerio de Educación, y efectúa procesos experimentales de acreditación de programas de posgrado de universidades autónomas.
- **Comisión Nacional de Investigación Científica y Tecnológica (CONICYT):** promueve la investigación científica y tecnológica, la formación de recursos humanos, el desarrollo de nuevas áreas de conocimiento y de innovación productiva, administrando los recursos públicos destinados a estas materias.

Estadísticas nacionales

Se presentan en esta sección los números elaborados a partir de la recopilación de datos del Consejo Nacional de Educación para realizar una aproximación a la importancia de la educación superior de posgrado en Chile.

Cuadro 49: Programas de posgrado en los últimos siete años.

	Índices							Variación					
	2003	2004	2005	2006	2007	2008	2009	2003 a 2004	2004 a 2005	2005 a 2006	2006 a 2007	2007 a 2008	2008 a 2009	2003 a 2009
Doctorados	115	133	136	151	156	132	150	16%	2%	11%	3%	-15%	14%	30%
Magíster	469	556	630	692	744	726	796	19%	13%	10%	8%	-2%	9%	69%

Fuente: Consejo Nacional de Educación, 2010.

Se presenta a continuación la cantidad de estudiantes que a fines de 2009 se encontraban cursando estudios de posgrado.

Cuadro 50: Matrícula total de posgrado en 2009

Tipo Programa	Total	%
Doctorado	2586	10
Especialidades Médicas	1936	7
Especialidades Odontológicas	607	2
Magíster	21057	81
Total	**26186**	**100**

Fuente: Consejo Nacional de Educación, 2010.

3.4.1. Oferta académica

Cuadro 51: Cursos de posgrado en ciencias sociales en Chile

Cursos de posgrado en ciencias sociales en Chile	
Especializaciones	15
Maestrías	450
Doctorados	56
Total	521

Fuente: Elaboración propia con datos de las páginas web de las instituciones educativas del país, 2010.

3.5. Servicios educativos de posgrado en ciencias sociales en Colombia

En el sistema educativo colombiano la educación se define como un proceso de formación permanente, fundado en una concepción integral de la persona humana, su dignidad, sus derechos y deberes. La educación es un derecho de la persona, por lo tanto es un servicio público prestado y regulado por el Estado.

El nivel superior de la educación está regido por la ley 30, sancionada en diciembre de 1992 y comprende tres niveles: especializaciones, maestrías y doctorados.

Las instituciones habilitadas para brindar este tipo de educación pueden ser de carácter público o privado. Las públicas o estatales, deben elaborar un estudio de factibilidad socioeconómica que reúna las condiciones indicadas en los artículos 59 y 60 de la Ley 30 de 1992. Este estudio es evaluado por la Sala Institucional de la Comisión Intersectorial para el Aseguramiento de la Calidad de la Educación Superior (CONACES), y aprobado por el ministro de educación nacional. Finalmente se requiere de un proyecto de ley, ordenanza o un acuerdo para que pueda entrar en funcionamiento. Los programas que se ofrecen serán sometidos a la evaluación de los registros calificados conforme con la Ley 1.188 de 2008.

Las instituciones privadas deben cumplir con los requisitos señalados expresamente en el Decreto 1.478 de 1994. El requisito fundamental es el estudio de factibilidad socioeconómico que contemple la misión institucional, en el contexto geográfico. Se exige además un informe sobre el soporte jurídico (acta de constitución, acta recibo de aportes, proyectos de estatutos y reglamentos respectivos). La propuesta de reconocimiento de personería jurídica será evaluada por la CONACES, y posteriormente el ministro de educación nacional podrá emitir el reconocimiento de la personería jurídica y disponer su registro en el Sistema Nacional de Información de la Educación Superior (SNIES).

Los órganos que intervienen en el desarrollo y funcionamiento de la educación superior son:
- **El Ministerio de Educación Nacional:** define las políticas y lineamientos que permiten al sector educativo ofrecer el mejor servicio y fomenta la calidad y la pertinencia de los programas, la eficiencia y la transparencia de la gestión de las instituciones de educación superior.
- **El Consejo Nacional de Educación Superior (CESU):** encargado de planificar, asesorar, coordinar y recomendar a las instituciones de la educación superior. Actúa como apoyo del Ministerio de Educación. Es un organismo colegiado, integrado por representantes de la comunidad académica, científica, del sector productivo del país y por

algunos representantes de las instituciones oficiales vinculadas al desarrollo del sector educativo en el nivel superior.

- **El Instituto Colombiano para el Fomento de la Educación Superior (ICFES):** establecimiento público, encargado de evaluar el sistema educativo y velar por la calidad del sistema implementando programas y proyectos de fomento.
- **El Sistema Nacional de Información de la Educación Superior (SNIES):** conjunto de fuentes, procesos, herramientas y usuarios que se articulan para posibilitar y facilitar la recopilación, divulgación y organización de la información sobre educación superior. Es una herramienta fundamental para la planeación, monitoreo, evaluación, asesoría, inspección y vigilancia del sector.

3.5.1. Oferta académica

Cuadro 52: Cursos de posgrado en ciencias sociales en Colombia

Cursos de posgrado en ciencias sociales en Colombia	
Especializaciones	984
Maestrías	271
Doctorados	40
Total	1295

Fuente: Elaboración propia con datos de las páginas web de las instituciones educativas del país, 2010.

3.6. Servicios educativos de posgrado en ciencias sociales en Ecuador

En este país, la educación de nivel de posgrado está regida por la Ley de Educación Superior, expedida por el Congreso Nacional el 13 de abril de 2000 y publicada en el Registro Oficial 077 el 15 de mayo del mismo año. Por tener carácter de orgánica, prevalece por sobre todas las demás disposiciones legales que se le opusieren.

Actualmente, un nuevo proyecto de ley, conocido como Ley Orgánica de Educación Superior se encuentra en trámite de sanción. En el mes de agosto de 2010, la Asamblea Nacional aprobó el proyecto y lo envió al Poder Ejecutivo para su sanción definitiva. Sin embargo, el presidente Rafael Correa vetó el proyecto emanado del órgano legislativo por haber introducido reformas al proyecto original. Por este motivo, el proyecto de ley retornó a la Asamblea que deberá discutir nuevamente las enmiendas solicitadas por Correa que intentan volver al proyecto original.

Por el momento y hasta la sanción del proyecto de ley mencionado, el sistema de educación superior en Ecuador se compone de institutos superiores técnicos y tecnológicos, escuelas politécnicas creadas por ley y universidades que pueden ser tanto públicas financiadas por el Estado, como privadas cofinanciadas por el Estado y particulares, y privadas autofinanciadas. El sistema se ocupa de la autoevaluación institucional, la evaluación externa y la acreditación.

Órganos del Sistema de Educación Superior
- **El Consejo Nacional de Educación Superior (CONESUP):** es el órgano encargado de planificar, regular y coordinar el sistema. Es una entidad

autónoma cuya sede se encuentra en la ciudad de Quito. Entre sus funciones se destaca aprobar, luego del trámite correspondiente, la creación de nuevas universidades y escuelas politécnicas; y la homologación o validación de títulos extranjeros.

- **El Consejo Nacional de Evaluación y Acreditación (CONEA):** se ocupa de dirigir el Sistema Nacional de Evaluación y Acreditación de Educación Superior y funciona como organismo independiente del CONESUP.

Tanto las universidades como las escuelas politécnicas son personas jurídicas sin fines de lucro. Son autónomas en cuanto a lo académico y a la gestión económica y administrativa. Sólo las universidades y escuelas politécnicas pueden otorgar grados académicos, entre ellos los de cuarto nivel o posgrado. Las universidades y escuelas politécnicas se diferenciaron en sus orígenes, dado el carácter marcadamente técnico de las segundas. Sin embargo, en la actualidad, esta distinción perdió validez y comúnmente se llama a unas y a otras *universidades*.

Los posgrados reconocidos en Ecuador son *Diplomado Superior*, con una duración de seis meses; *Especialidad*, de un año de cursado; *Magíster*, de dos años de duración y finalmente *Doctorado*, que se cursa en cuatro años.

Las universidades extranjeras también pueden formar parte del Sistema Nacional de Educación Superior. Sin embargo, si las universidades extranjeras quieren brindar programas específicos en el país deben haber suscripto un convenio con una universidad o escuela politécnica de la Nación.

Estadísticas nacionales

El avance de la cantidad de posgrados en los últimos años demuestra la importancia de este nivel de educación superior. En 1992 se registraban ciento dos programas que ascendieron a ochocientos sesenta y uno en sólo diez años.

3.6.2. Oferta académica

Cuadro 53: Cursos de posgrado en ciencias sociales en Ecuador

Cursos de posgrado en ciencias sociales en Ecuador	
Especializaciones	88
Maestrías	244
Doctorados	7
Total	339

Fuente: Elaboración propia con datos de las páginas web de las instituciones educativas del país, 2010.

3.7. Servicios educativos de posgrado en ciencias sociales en Paraguay

Actualmente, Paraguay lleva a cabo un proceso de profunda reforma en el sistema de educación superior que apunta a diversificar, ampliar y garantizar la calidad en la formación de este nivel.

La educación superior en Paraguay tal como se la conoce hoy en día resulta tardía en comparación con la de otros países de América Latina. Las primeras instituciones universitarias país datan de fines de la década de 1880, luego de la Ley de creación de la Universidad Nacional.[40] A pesar de lo mencionado, ya durante la

---

[40] La ley que crea la Universidad Nacional de Asunción fue promulgada el 24 de septiembre de 1889. Sin embargo, un decreto del

época colonial funcionó un notable número de instituciones educativas de nivel superior, motorizadas principalmente por las órdenes religiosas.

En 1960 ocurre un hecho revolucionario: la Conferencia Episcopal Paraguaya (CEP) crea la Universidad Católica Nuestra Señora de la Asunción en base al Instituto Superior de Teología. El gobierno autorizó su funcionamiento con el decreto N° 9.350 promulgado el 22 de enero del mismo año y se reconoció su derecho a otorgar títulos y diplomas. De esta manera se termina el monopolio de la Universidad Nacional de Asunción.

En la década de 1970 hay un desarrollo excepcional del sistema universitario, tanto en el plano institucional como en el organizativo y académico. Se habilitan nuevas facultades en ambas universidades y se vigoriza la cooperación internacional. En esta década se destaca la masiva demanda por acceder a la educación superior en ciencias administrativas. En el mismo período, la Universidad Católica, seguida de la Universidad Nacional, inician un proceso de descentralización con la creación de filiales en otras regiones del país.

Con la llegada de la democracia en 1989, la concepción de la educación cambia de manera radical. La ciudadanía liga la formación superior a la democracia y, en el lapso de una década aproximadamente, se crearon diecisiete universidades, catorce privadas y tres públicas. La misma evolución se observa en el ámbito de la educación terciaria no universitaria, específicamente en el área de la formación docente.

En la actualidad la norma que regula la educación superior es la 1.264 del año 1998. Se establece allí que la

---

31 de diciembre del mismo año determinó como fecha oficial de su inauguración el 1° de marzo de 1890.

educación de este nivel está a cargo de universidades e institutos superiores y otras instituciones de formación profesional del tercer nivel.[41]

Se entiende por universidades "las instituciones de educación superior que abarcan una multiplicidad de áreas específicas del saber en el cumplimiento de su misión de investigación, enseñanza, formación y capacitación profesional y servicio a la comunidad".[42]

Los institutos superiores son "las instituciones que se desempeñan en un campo específico del saber en cumplimiento de su misión de investigación, formación profesional y servicio a la comunidad".[43]

Las Instituciones de formación profesional del tercer nivel, forman parte del sistema de educación superior, pero no intervienen en la formación de posgrado, por lo tanto no son objeto de este estudio.

Tanto las universidades públicas como las privadas, integran el sistema nacional de educación.

Acreditación y evaluación

Dos hechos motivaron la creación de un sistema de control: las precarias condiciones de enseñanza en muchas de las nuevas instituciones y el consecuente efecto negativo producido sobre las universidades de mayor nivel. Por estas razones se implementó una política de contención a la creación de nuevas universidades que se tradujo en el requisito de habilitación del Poder Legislativo para la crear nuevas instituciones. La Ley 136 de 1993 (actualmente vigente) señala en su artículo 4: "Las Universidades, tanto públicas como privadas, serán creadas por ley. El Congreso

---

[41] Ley 1.264, Art. 47.
[42] Ley 1.264, Art. 48.
[43] Ley 1.264, Art. 49.

autorizará el funcionamiento de las mismas, previo dictamen favorable y fundado del Consejo de Universidades". La ley no dejaba de tener inconvenientes y no logró mejorar la capacidad de selección para la habilitación de nuevas universidades. Por este motivo, a mediados de 1990 se formuló una nueva ley de educación superior y se elaboró una ley de acreditación y evaluación.

El Consejo de Universidades fue creado en 1993 y se abocó a las actividades que le encomendara la Ley de Universidades. Sin embargo, en materia de evaluación y acreditación de carreras universitarias, no existen antecedentes de que haya llevado adelante un programa o implementado un sistema al respecto.

A partir de la sanción de la Constitución Nacional de 1992, queda establecida la autonomía universitaria en Paraguay.[44]

A fines de 1998, el Congreso Nacional sancionó la Ley 1.264, Ley General de Educación, que actualmente regula la educación pública y privada, en todos sus niveles y modalidades. La ley responsabiliza al Ministerio de Educación y Cultura, las gobernaciones, los municipios y las comunidades educativas de garantizar la calidad de la educación y los obliga a realizar evaluaciones sistemáticas del sistema y los procesos educativos.

---

[44] Artículo 79 párrafo 2: "Las universidades son autónomas. Establecerán sus estatutos y formas de gobierno y elaborarán sus planes de estudio de acuerdo con la política educativa y los planes de desarrollo nacional. Se garantiza la libertad de enseñanza y la de cátedra. Las universidades, tanto públicas como privadas, serán creadas por Ley, la cual determinará las profesiones que necesiten títulos universitarios para su ejercicio".

Órganos del sistema de educación superior
- El **Consejo de Universidades:**[45] presidido por el ministro de educación y culto e integrado por un Rector representante de las universidades nacionales, y un Rector representante de las universidades privadas. Se ocupa de la formulación de la política de educación superior, dictamina acerca de la aprobación de los estatutos y la autorización a nuevas universidades, establece los grados académicos.
- El **Consejo Nacional de Educación y Cultura (CONEC):** creado con la Ley 1.264 del 26 de mayo de 1998 para ser el órgano responsable de proponer las políticas culturales, la reforma del sistema educativo nacional y acompañar su implementación. Sus funciones son: decidir sobre el desarrollo de las instituciones de educación superior y participar de la reforma de la educación superior.[46]

3.7.1.-Oferta académica

Cuadro 54: Cursos de posgrado en ciencias sociales en Paraguay

Cursos de posgrado en ciencias sociales en Paraguay	
Especializaciones	51
Maestrías	114
Doctorados	42
Total	207

Fuente: Elaboración propia con datos de las páginas web de las instituciones educativas del país, 2010.

---

[45] Ley 828 art. 20 y actualmente regido por la Ley 136.
[46] Ley 1.264, Art. 53.

3.8. Servicios educativos de posgrado en ciencias sociales en Perú

En Perú la educación superior no se rige por una única ley sino que hay un conjunto de instrumentos jurídicos que regulan todo el sistema en su conjunto. La Ley General de Educación 28.044, de julio del 2003, dispone que en el país existen dos niveles de educación: Básico y Superior. Para el segundo nivel, la Ley Universitaria 23.733, que data de 1983 y un conjunto de normas, regulan los diferentes aspectos de las instituciones involucradas, pudiendo ser de naturaleza pública o privada.

La educación superior comprende la educación universitaria y la no universitaria. Sólo la educación universitaria conduce a la obtención de los títulos de maestría y doctorado.

Los objetivos de la educación universitaria son la formación profesional, la difusión cultural, la creación intelectual y artística, y la investigación científica y tecnológica. Desde el Estado se garantiza la libertad de cátedra y se rechaza la intolerancia. La universidad, entendida como la comunidad de profesores, alumnos y graduados, es autónoma en cuanto a la creación de su régimen normativo, sus órganos de gobierno, y su desarrollo académico, administrativo y económico.[47]

Cada universidad cuenta con la prerrogativa de otorgar títulos profesionales y grados académicos.[48] En la educación superior peruana los estudios de posgrado pueden ser del nivel de maestro y doctor, siendo éstos

---

[47] Autonomía otorgada a las Universidades directamente por la Constitución Nacional del país.
[48] Ley 23.733, Art. 18.

sucesivos, y también el de segunda especialidad profesional. Para la maestría y doctorado se requiere de dos años de cursada, la defensa pública de un trabajo final y el conocimiento de uno y dos idiomas extranjeros respectivamente. La segunda especialidad profesional requiere una licenciatura u otro título de grado previo.

Tipos de universidades
    Públicas: personas jurídicas sin fines de lucro.
    Privadas: a. universidades particulares o asociativas: personas jurídicas de derecho privado sin fines de lucro. b. universidades empresas: organizadas como sociedades mercantiles con fines de lucro.

Órganos que intervienen en la educación superior:
- **Consejo Universitario**: encargado de la dirección superior, la promoción y la ejecución de la Universidad.
- En el nivel universitario, el órgano que orienta y coordina las actividades es la **Asamblea Nacional de Rectores (ANR)** que define las políticas y acciones en materia universitaria a nivel nacional. Se conforma de rectores de todas las universidades (públicas y privadas) y tiene como funciones principales: vincular las actividades universitarias y los poderes nacionales del Estado; elegir los dos rectores de las universidades que integran la Comisión de Coordinación Interuniversitaria; informar acerca de las carreras y títulos ofrecidos por las universidades; evaluar las nuevas universidades; designar las universidades habilitadas para convalidar estudios, grados y títulos obtenidos en otros países.
- El **Consejo Nacional de Funcionamiento de Universidades (CONAFU)**: fue creado en 1995 con

la Ley 26.439 como órgano de la Asamblea Nacional de Rectores. Su misión es evaluar los proyectos y solicitudes de autorización y funcionamiento de las universidades, tanto públicas como privadas.

Evaluación y acreditación

Para garantizar la calidad de la educación, se prevé la conformación de un Sistema Nacional de Evaluación, Acreditación y Certificación de la Calidad Educativa. El sistema se compone de un conjunto de organismos que se ocupan de certificar y recertificar las competencias profesionales; compatibilizar los certificados, grados, diplomas y títulos educativos nacionales; y establecer su correspondencia con similares certificaciones extranjeras.

3.8.1. Oferta académica

Cuadro 55: Cursos de posgrado en ciencias sociales en Perú

Cursos de posgrado en ciencias sociales en Perú	
Especializaciones	22
Maestrías	357
Doctorados	106
Total	485

Fuente: Elaboración propia con datos de las páginas web de las instituciones educativas del país, 2010.

3.9. Servicios educativos de posgrado en ciencias sociales en Uruguay

En este país, la educación superior de posgrado no se rige por una única ley que organice todo el sistema en su conjunto, sino que existe una serie de artículos de la Constitución de la República que, junto a otras leyes nacionales, regulan la educación en el nivel más alto. Se destacan tres principales:

Entre los artículos constitucionales del párrafo anterior, es de interés destacar el 202, que establece que la enseñanza pública superior será regida por uno o más Consejos Directivos Autónomos.

Las leyes que regulan el nivel superior de la educación son: la Ley Orgánica 12.549 de la Universidad de la República (UDELAR) del año 1958; la Ley 15.661 del año 1984, que autoriza el funcionamiento de universidades privadas y el reconocimiento de sus títulos; y la Ley 15.739 del año 1985, que crea el Ente Autónomo de Administración Nacional de Educación Pública (ANEP), encomendándole a su Consejo Directivo Central de la Universidad de la República la formación y el perfeccionamiento docente.

Se considera también el Decreto 308/95 que reglamenta la citada Ley 15.661 y refiere exclusivamente a la enseñanza terciaria privada universitaria y no universitaria.

En Uruguay hay una peculiaridad: desde hace ciento cincuenta años existe una única Universidad pública (UDELAR) que monopolizó no sólo los estudios universitarios sino también los terciarios, con la excepción de los de formación de maestros y profesores de enseñanza secundaria. UDELAR es pública, autónoma y se encuentra cogobernada. Es una institución universitaria de carácter nacional, centralizada en la capital, con sede regional en el litoral oeste (regional norte) y varias casas de en distintas localidades. Tiene competencia exclusiva sobre la reválida de títulos profesionales extranjeros y concentra el 90% de la matrícula global universitaria.

El sistema educativo superior, sin embargo, incluye otras instituciones. Entre ellas: la Administración Nacional de Educación Pública (ANEP) encargada de brindar formación y perfeccionamiento docente a través de su Consejo Directivo Central (CODICEN), así como una formación en Ingeniería Tecnológica. Este grupo no forma parte del presente trabajo por no estar vinculado a los estudios superiores de posgrado.

Dado que todas las instituciones de la educación superior pública son de carácter nacional y no las hay de alcance local, poseen órganos centrales en la capital del país.

En otro grupo se encuentran las universidades e institutos universitarios privados, creados al amparo de la Ley 15.661. Poseen libertad de enseñanza y su regulación no es obligatoria, sólo se aplica si solicitan voluntariamente su reconocimiento al Estado.

Las instituciones privadas concentran aproximadamente el 10% de la matrícula universitaria del país. No reciben financiamiento estatal y desde el punto de vista jurídico son asociaciones civiles o fundaciones sin fines de lucro, con personería jurídica y académicamente autónomas.

En un último grupo se encuentra un conjunto de instituciones públicas no autónomas constituidas por la educación militar y policial. Estas instituciones son: la Escuela Militar, el Instituto Militar de las Armas y Especialidades (IMAE), el Instituto Militar de Estudios Superiores (IMES) en el Sistema de Enseñanza del Ejército (dependiente de la Dirección General de Enseñanza Militar del Ejército). La Escuela Naval y la Escuela Superior de Guerra en el ámbito de la Armada (dependiente del Comando de Personal y Enseñanza de la Armada Nacional); la Escuela Militar de Aeronáutica, en la Fuerza Aérea Uruguaya (dependiente del Comando de la Fuerza Aérea Uruguaya); y la Escuela Policial de Estudios Superiores (dependiente de la Escuela Nacional de Policía). Expiden títulos de grado que una vez cumplido un trabajo de tesis son asimilados a una *licenciatura universitaria* en ciencias militares (Ejército) y en sistemas navales (Armada). Por este motivo, quedan excluidas del presente trabajo.

A diferencia de lo que ocurre en el resto de los países latinoamericanos, en Uruguay el Ministerio de Educación y Cultura no tiene poder político sobre la educación pública. Sólo tiene potestades de regulación de las instituciones universitarias privadas y a solicitud de las mismas.

Los títulos de posgrado que expiden las instituciones de educación superior son:
- **Especialización:** acredita la culminación de estudios específicos de profundización en una disciplina o conjunto de disciplinas afines, comprendidas en la carrera universitaria de primer grado. Su duración mínima es de un año lectivo.
- **Maestría o Magíster:** acredita la culminación de estudios de complementación, ampliación y profundización de los estudios universitarios de primer grado, y de tareas de investigación que impliquen un manejo activo y creativo de conocimiento, incluyendo la elaboración de una tesis o memoria final. Su duración mínima es de dos años lectivos.
- **Doctorado:** acredita la culminación de estudios de complementación, ampliación y profundización de los de maestría, y el desarrollo de tareas de investigación original superior, mediante la elaboración de una tesis. Su duración mínima es de tres años lectivos.

Acreditación y evaluación de la educación superior

En Uruguay no existen órganos destinados a tal fin, sin embargo, el Decreto 308/995 creó una institución que posee atribuciones similares. Su nombre es Consejo Consultivo de Enseñanza Terciaria Privada. Este consejo asesora al Poder Ejecutivo y al Ministerio de Educación y Cultura en las solicitudes de autorización para funcionar, o solicitudes de reconocimiento de nivel académico. El Consejo Consultivo se compone de ocho miembros designados por el Poder Ejecutivo, de los cuales tres son designados a propuesta de la UDELAR, dos a propuesta del MEC (Ministerio de Educación y Cultura), uno a propuesta de la ANEP y dos a propuesta de las instituciones universitarias privadas autorizadas.[49]

Se expide por dictámenes de carácter preceptivo pero no vinculante. De esta manera, aun ante un pronunciamiento contrario del Consejo Consultivo, el Poder Ejecutivo o el MEC pueden autorizar el funcionamiento y/o reconocer el nivel académico de una institución privada.

3.9.1. Oferta académica

Cuadro 56: Cursos de posgrado en ciencias sociales en Uruguay

Cursos de posgrado en ciencias sociales en Uruguay	
Especializaciones	10
Maestrías	47
Doctorados	3
Total	60

Fuente: Elaboración propia con datos de las páginas web de las instituciones educativas del país, 2010.

---

[49] Decreto 308/995, art. 23 y 24.

3.10. Servicios educativos de posgrado en ciencias sociales en Venezuela

La estructura jurídico-institucional que define y regula el Sistema de Educación Superior de Venezuela se basa en la Ley de Universidades, promulgada el 17 de febrero de 1967. La mencionada Ley 1.429, permite la creación y funcionamiento de Instituciones de la Educación Superior (IES), de carácter público y privado,[50] informando que las privadas requerirán la aprobación por decreto del Estado para funcionar.[51]

Desde el momento de su creación y aprobación, las universidades venezolanas son autónomas en cuatro sentidos: *organizativamente*, adquiriendo capacidad de dictar sus normas internas; *académicamente*, lo que les permite planificar, organizar y realizar sus programas de investigación, docentes y de extensión; *administrativamente* ya que están habilitadas para nombrar sus autoridades, su personal docente, de investigación y administrativo; *económica y financieramente*, ya que pueden organizar y administrar su patrimonio.[52]

La ley establece la creación y el funcionamiento de los órganos que coordinan el sistema en su conjunto.

Los órganos comprendidos en el sistema de educación superior son:
- **El Consejo Nacional de Universidades (CNU):** garantiza el cumplimiento de la Ley, coordina las relaciones entre las universidades y el resto del sistema educativo, armoniza sus planes docentes,

---
[50] Ley 1.429, art. 8.
[51] Ley 1.429, art. 8, 173, 174, 175 y 176.
[52] Ley 1.429, art. 9.

culturales y científicos; y planifica su desarrollo de acuerdo con las necesidades del país.[53]
- **La Oficina de Planificación del Sector Universitario (OPSU):** presta asesoramiento técnico a los organismos de planificación educativa y a las universidades nacionales.[54]
- **El Consejo Consultivo Nacional de Postgrado (CCNPG):** además de asesorar al CNU en lo relativo a los posgrados, interviene en los lineamientos, criterios y requisitos que hacen al funcionamiento de los mismos. Así como se lo conoce actualmente, fue creado en 1986 como parte del sistema de evaluación y acreditación. Se integra por un representante del Fondo Nacional de Ciencia, Tecnología e Investigación (FONACIT), un representante del Instituto de Investigaciones Científicas (IVIC), una Unidad Técnica compuesta a su vez por un coordinador jefe de la Unidad y ocho miembros elegidos por el CNU.
- **La Oficina Técnica del Consejo Consultivo Nacional de Posgrado:** a cargo de los procesos de autorización para la creación y funcionamiento de posgrados, y la acreditación y la renovación de la misma, que se realiza cada dos o cinco años. La acreditación de todos los programas de posgrado ante el CNU es obligatoria.[55]

---

[53] Ley 1.429.
[54] Ley 1.429, Art. 22.
[55] Disposición de la Gaceta Oficial N° 36.061, artículo 28, 9 de octubre de 1996.

Tipología de instituciones de educación superior
- **Institutos y colegios universitarios**: destinados a promover recursos humanos en el campo de la ciencia, la tecnología y de los servicios necesarios para el desarrollo del país y de la región.
- **Universidades**: definidas como una comunidad de intereses espirituales que reúne a profesores y estudiantes en la búsqueda de la verdad y la consolidación de los valores trascendentales del hombre.
- **Universidades autónomas**: universidades nacionales que según la Ley de Universidades y su reglamento, disponen de *autonomía organizativa* que les permite dictar sus normas internas; *autonomía académica*, habilitante para planificar, organizar y realizar los programas de investigación, docentes y de extensión necesarios para el cumplimiento de sus fines; *autonomía administrativa*, lo que les permite elegir y nombrar sus autoridades y designar su personal docente, de investigación y administrativo; y *autonomía económica y financiera*, que les permite organizar y administrar su patrimonio.
- **Universidades nacionales experimentales**: creadas por el Ejecutivo Nacional siguiendo la Ley de Educación y al Consejo Nacional de Universidades para ensayar nuevas orientaciones y estructuras en educación superior.
- **Universidades privadas**: creadas por entes particulares que requieren para su funcionamiento la autorización del Estado, según los artículos 173, 174, 175, y 176 de la Ley de Universidades.
- **Universidades pedagógicas**: instituciones de alcance nacional en el ejercicio de sus funciones de docencia, investigación y extensión. Sus fines son

formar, profesionalizar, perfeccionar, capacitar y actualizar ciudadanos para el desempeño en el ámbito educativo.
- Todas estas instituciones están capacitadas para emitir títulos de especialista, máster y doctor.

Evaluación y acreditación

Todas las instituciones de educación superior, así como las carreras que ofrecen, deben estar aprobadas por el Ministerio de Educación Superior a través del Consejo Nacional de Universidades, el Viceministerio de Políticas Académicas y el Viceministerio de Políticas Estudiantiles, así como también deben ser publicadas en la Gaceta Oficial de la República Bolivariana de Venezuela.

Este trabajo se realizó a partir de los datos publicados por el Ministerio del Poder Popular de la Educación Superior en enero de 2010.

El sistema de evaluación y acreditación actual tuvo un antecedente importante el 28 de mayo de 2002, cuando el Consejo Nacional de Universidades acordó la necesidad de crear un sistema de evaluación y acreditación de las universidades del país tanto públicas como privadas. Así consta en el Acta 406, que responde además a las recomendaciones del coordinador de la Comisión Técnica del Sistema de Evaluación y Acreditación Institucional (SEA) del proyecto Alma Mater de la Oficina de Planificación del Sector Universitario (OPSU). La iniciativa contempló también la incorporación progresiva de las demás instituciones de educación superior al sistema de evaluación y acreditación.

A partir del año 2008, la evaluación y acreditación universitaria se encuentran a cargo del Comité de Evaluación y Acreditación de Programas e Instituciones de Educación Superior (CEAPIES), constituido además para prestar asesoramiento institucional.

Validación de títulos y equivalencias a nivel regional

Los ciudadanos venezolanos que hayan completado sus estudios de posgrado en el exterior podrán validar su título en el país. El trámite se realiza ante el Ministerio de Educación Superior cuando no exista en el país un estudio similar con el cual realizar el trámite de reválida.[56]

La formación de estudiantes en el nivel de posgrado en Venezuela es competencia exclusiva de las universidades y de los institutos autorizados por el CNU. Los estudios de posgrados pueden ser:

- **Especialización:** abarcan un conjunto de asignaturas y otras actividades organizadas en un área específica destinadas a proporcionar los conocimientos y el adiestramiento necesario para la formación de expertos de elevada competencia profesional. Conducen al grado de *Especialista*, para lo cual es necesario aprobar un número no inferior a 24 unidades créditos en asignaturas u otras actividades de posgrado, y elaborar un trabajo especial de grado. El plazo máximo para alcanzar el título, a partir del inicio, es de cuatro años.
- **Maestría:** las asignaturas cursadas y actividades realizadas se circunscriben a un área específica del conocimiento para lograr un análisis profundo y sistematizado y obtener la formación metodológica necesaria para la investigación. El título otorgado es el de *Magíster* y requiere la aprobación de un número de unidades créditos no inferior a 24 y un trabajo de grado. También otorga un plazo máximo

---

[56] Ley Orgánica de Educación, art. 140 y 141.

de cuatro años para la presentación y aprobación, contados a partir del inicio de los estudios.

- **Doctorado**: la finalidad es capacitar para la realización de trabajos de investigación originales, que serán aportes significativos al conocimiento en un área específica del saber. Los egresados reciben el grado de *Doctor*, para el cual existen tres requisitos: completar, como mínimo cuarenta y cinco créditos, presentar, defender y aprobar la tesis doctoral y poseer conocimientos instrumentales de otro idioma, además del castellano.

Estadísticas oficiales

En 2009 se creó el Comité de Estadística de Educación Universitaria con el propósito de consolidar y difundir las estadísticas del sector universitario. Se presentan a continuación las estadísticas del Ministerio del Poder Popular para la Educación Superior que permite visualizar la evolución de los estudiantes inscriptos en los posgrados del país desde el año 2000 hasta el año 2008.

Cuadro 57: Estudiantes del sistema superior venezolano

Matrícula Total de Educación Universitaria en Venezuela (pregrado y postgrado) 2000-2008									
	2000	2001	2002	2003	2004	2005	2006	2007	2008
Total	984.418	971.036	1.014.006	1.056.878	1.170.392	1.418.303	1.813.970	2.015.140	2.109.331
Postgrado	56.822	62.030	65.763	66.371	82.259	93.077	95.797	100.481	102.983
Pregrado	835.596	960.006	948.243	990.507	1.088.133	1.325.226	1.718.173	1.914.659	2.006.348

Fuente: Ministerio del Poder Popular de la Educación Superior, 2010.

3.10.1. Oferta académica

Cuadro 58: Cursos de posgrado en ciencias sociales en Venezuela

Cursos de posgrado en ciencias sociales en Venezuela	
Especializaciones	191
Maestrías	196
Doctorados	44
Total	431

Fuente: Elaboración propia con datos de las páginas web de las instituciones educativas del país, 2010.

CAPÍTULO 4: NEGOCIACIÓN Y OPORTUNIDADES EMPRESARIAS

4.1. Situación general del subcontinente

Las instituciones educativas argentinas se encuentran ante un campo de dimensiones no del todo conocidas y sumamente fértiles para cultivar y cosechar jugosos frutos. América del Sur es el primer escenario a considerar para comenzar las actividades propias de estas empresas. La proximidad geográfica es un aliciente importante en el momento de considerar y elegir el lugar en el cual pasar al menos dos años, que es el tiempo requerido para la enorme mayoría de los estudios de posgrado analizada. Por otra parte, el idioma constituye otro factor importante para inclinar la balanza hacia un país de América del Sur, donde nueve de los diez países analizados comparten la lengua castellana. Aún en el caso de Brasil, la diferencia idiomática puede ser un obstáculo pero no una barrera. El estudio del portugués en los países de habla castellana, así como el castellano en Brasil, en los ambientes universitarios, están muy difundidos.

A pesar de la contundencia de los dos factores mencionados en el párrafo anterior, del análisis de los datos arrojados en el desarrollo de los capítulos 1, 2 y 3, surgen nuevos elementos que refuerzan las razones que pueden hallar los potenciales estudiantes por educarse en Argentina y de las empresas de nuestro país por expandir la exportación de sus servicios.

Argentina, y las instituciones educativas de esta nacionalidad, deberán prestar suma atención a estas consideraciones si anhelan jugar un buen papel en las negociaciones internacionales sobre el comercio de los servicios y, consecuentemente, obtener un buen posicionamiento en el suministro de cursos de posgrado. Los elementos se detallan a continuación se encuentran a disposición de todos los países y empresas del subcontinente. El que conozca mejor el campo y logre diseñar las mejores estrategias, seguramente se verá beneficiado con un excelente tránsito comercial altamente lucrativo.

4.2. Posibilidades y obstáculos de la negociación internacional

Como se anunció en la introducción, el comercio internacional de servicios es materia de incipiente aunque constante exploración y, como tal, resta mucho por resolver. El marco legal de negociación iniciado desde la OMC a través del AGCS es la instancia más abarcadora de las negociaciones ya que incluye a casi todos los países del mundo. De hecho, los 140 países miembros de la OMC forman parte del acuerdo de servicios.

Si bien es posible que los bloques regionales también suscriban acuerdos de comercio de servicios, se han firmado ya tratados de este tipo dentro del Mercado Común del Sur (MERCOSUR), la Comunidad Andina de Naciones (CAN) y la Asociación Latinoamericana de Integración (ALADI). El presente trabajo se enmarca dentro de la OMC dado que incluye a todos los países bajo estudio, y por haberse constituido de forma tal que resulta compatible con otras formas de negociación y acuerdos parciales que puedan ir surgiendo entre dos o más países. De esta manera, se observa que es posible el surgimiento de acuerdos educativos de enseñanza, aún a nivel universitario de posgrado, en el seno de los procesos de integración de estos países. Esto no necesariamente será incompatible con el AGCS.

Independientemente del contenido de lo acordado por los bloques regionales mencionados, se centra la atención en el AGCS. Los servicios educativos, correspondientes al número cinco dentro de la lista de negociación definida por el documento GNS/W/120 no fueron aún objeto de concesiones por parte de los países analizados. Esto equivale a decir que los países de América del Sur se resguardan el derecho tanto de liberalizar el comercio de servicios educativos, como de establecer condicionamientos.

Respecto del punto precedente cabe realizar una importante aclaración: la negociación en el AGCS se lleva a cabo utilizando listas positivas. En las negociaciones comerciales por listas positivas los negociadores elaboran un listado incluyendo todos los elementos sobre los cuales están dispuestos a aceptar compromisos de liberalización. Los elementos excluidos no se comprometen en la negociación. Los elementos que sí son incluidos en las listas no son, sin embargo, inmediatamente liberalizados. Sobre ellos se realizan las rondas de negociación que se necesiten. En este transcurso, cada parte evalúa el impacto de las medidas en su economía, así como el comportamiento de las demás partes. El enfoque de las listas positivas en la negociación internacional de comercio de servicios surgió en la Ronda Uruguay y favorece a los países de menor desarrollo al permitirles conservar restricciones elevadas, e introducir paulatinamente los subsectores al universo del libre comercio. La desventaja de este tipo de negociación reside en las dificultades para obtener una visión generalizada del total liberalizado y de las restricciones restantes al libre comercio.

Otra posibilidad hubiese sido una negociación por listas negativas en las cuales se considera que todo el universo de elementos sobre los cuales se negocia se encuentra incluido en los compromisos que se asumirán. Si una parte desea excluir uno o algunos ítems deberá hacerlo explícitamente, caso contrario, será considerado objeto negociable. Este tipo de metodología en la negociación tiene como ventaja la posibilidad de establecer compromisos generales abarcando a todos aquellos sectores que no han sido excluidos de las listas. Sin embargo, para esta manera de negociar, se requiere un profundo conocimiento de la materia. Se debe mencionar a su vez que bajo este enfoque, los nuevos elementos no considerados hasta el momento estarán totalmente integrados al acuerdo y sobre ellos ya se habrá legislado.

El enfoque de las listas positivas es más alentador en otro sentido: cuando algún país decida asumir un compromiso, sabrá exactamente el alcance que tendrá dicho acuerdo porque estará limitado al subsector de servicios educativos que haya querido liberalizar, y no a otro. Esto puede ser un aliciente a la hora de abrir los mercados, si bien por ahora no hay avances.

4.2.1. Negociaciones en la OMC

Las negociaciones sobre servicios en el marco de la OMC siguen el mismo procedimiento que las respectivas a mercancías. Actualmente se está desarrollando la Ronda de Doha, fundamentalmente por dos vías:

- **Negociaciones bilaterales y/o plurilaterales** con el objetivo de mejorar las condiciones de los mercados para el comercio de servicios. Este proceso, implica estimular una profundización de los compromisos específicos, tanto en lo relativo al acceso a los mercados, como en trato nacional y en lo concerniente a promover el trato de la nación más favorecida.
- **Negociaciones multilaterales** entre todos los miembros de la OMC. El objetivo de esta modalidad es el de establecer las normas y disciplinas necesarias (reglamentación nacional, medidas de salvaguardia urgentes, contratación pública y subvenciones) que se aplicarán a todos los miembros de la OMC, así como también las disposiciones especiales para los países en desarrollo (PED) y los países menos adelantados (PMA).

4.2.1.1. Negociaciones sobre compromisos específicos

Dentro del campo de los servicios, este tipo de negociaciones se encuentran orientadas a liberalizar las condiciones del mercado para el comercio. El procedimiento que se sigue para tal fin es el de "peticiones y ofertas". Cada miembro elabora internamente las peticiones que desea hacer a los demás e indica qué mejoras desea obtener para su comercio de servicios en el extranjero. Estas peticiones son enviadas de un miembro a otro sin ser centralizadas por la OMC.

Respecto de las ofertas ocurre algo similar: los países miembros especifican ofertas iniciales (de liberalización de sectores y subsectores en cada modo) indicando además cómo y en qué medida están dispuestos a asumir compromisos vinculantes como contrapartida de las peticiones realizadas. Cabe aclarar que aunque la oferta de apertura de un país formalizada en una lista de compromisos haya respondido puntualmente a la petición de un miembro específico, una vez realizada se aplicará a todos los miembros.

La sucesión del envío de peticiones y ofertas desata un proceso de negociaciones que puede ser bilateral o plurilateral.

Si bien las peticiones no se entregan a la Secretaría de la OMC, las ofertas sí se distribuyen a todos los miembros como documento de la organización. Una vez finalizada la ronda de negociaciones, las ofertas finales tendrán carácter de compromisos jurídicamente vinculantes que contienen las condiciones en que se otorga acceso a los mercados y trato nacional para los servicios extranjeros.[57]

En un primer momento se estimó en la Declaración Ministerial de Doha, que el 30 de junio de 2002 sería un plazo razonable para la presentación de peticiones y que el 31 de marzo de 2003 sería una fecha apropiada para la presentación de las ofertas iniciales. Se estimó también que las negociaciones podrían haber concluido no más allá del 1º de enero de 2005. Los plazos debieron alargarse en repetidas ocasiones y actualmente no se dispone de una fecha límite para las peticiones o para las ofertas. Según el último dato brindado por la OMC, a fines del año 2008 los miembros habían presentado setenta y una ofertas iniciales. Estas ofertas pueden consultarse en la

---

[57] Para mayor información sobre los procedimientos específicos de las negociaciones sobre el comercio de servicios se puede consultar el documento (S/L/93). Adicionalmente, se pueden hallar los objetivos de las negociaciones que orientan a los miembros en el Anexo C de la Declaración Ministerial de Hong Kong.

serie de documentos TN/S/O[58] (las iniciales) y TN/S/O rev.1 (las revisadas). Ninguna corresponde al sector de servicios educativos de los países miembros bajo estudio.

4.2.2. Posibles escenarios a partir de la negociación internacional

Dado que aún ningún país ha firmado compromiso alguno,[59] todo lo que existe en este terreno son posibilidades. Pero, ¿en qué consisten exactamente esas posibilidades? ¿Cuáles serían los escenarios de máxima liberalización y cuáles aquellos de nula liberalización? ¿Qué alternativas pueden darse entre esas dos opciones? ¿Qué implicarían cada uno de esos posibles escenarios? ¿Qué repercusión tendría cada una de estas opciones para las empresas educativas de posgrado? Éstas son las preguntas que pretende desarrollar el presente apartado.

Para comenzar a responder el primer interrogante es necesario comprender la lógica de la negociación en el AGCS. Cada país elabora su propia lista de compromisos partiendo de una base común que es el documento GNS/W/120. Como ya se mencionó, este documento contiene una clasificación de los servicios en doce sectores con sus respectivos subsectores que se presentan en una

---

[58] Para mayor información sobre las ofertas se puede consultar la página de la OMC: http://www.wto.org/spanish/tratop_s/serv_s/market_access_negs_s.htm

[59] Ninguno de los diez países de América del Sur que analizamos ha contraído, hasta el momento, compromisos en materia de servicios educativos, sector 5 en el AGCS. Si bien todos son parte y realizaron aperturas de distinta importancia en muchos de los demás sectores, el campo objeto de esta investigación aún se mantiene libre de acuerdos. Las listas de compromisos de cada país pueden ser consultadas en la página oficial de la OMC en el sitio: www.wto.org.

primera columna. A su vez, cada subsector se presenta dividido en cuatro espacios verticales correspondientes a los modos de comercialización de servicios.

La segunda, tercera y cuarta columna corresponden a los compromisos específicos. Ellos son: Acceso a mercado; Trato nacional y Compromisos adicionales. Bajo estos tres títulos, cada país indicará para cada subsector y en cada modo de comercialización qué tipo de apertura permite en cada caso. Las listas poseen además una última columna para notas.

El vocabulario utilizado en las listas se unificó para facilitar la comprensión de los compromisos. Los términos principales para leer los acuerdos son: *none*, *unbound* y *unbound**, si bien los mismos se encuentran complementados con mayores explicaciones para detallar la naturaleza de la limitación o el compromiso en determinado sector o subsector. El término *none* se emplea para indicar ausencia de restricciones al comercio, de liberalización total en el subsector en que se haya colocado. Por el contrario, con la palabra *unbound*, el país no asume ningún compromiso de liberalizar. En el caso del *unbound** el país detalla por separado los casos específicos, para un subsector y un modo determinados; en qué situación está dispuesto a aceptar compromisos de liberalización.

En algunos sectores ocurre que el servicio en sí no es compatible con un modo de suministro determinado. Si se piensa como ejemplo en un servicio de construcción prestado a través del modo 1 se observa una incompatibilidad entre el intangible y la forma de prestación. Al no tener esta limitación su fundamento en una política proteccionista del Estado, en el subsector y modo correspondiente de las listas también se recurre a la palabra *unbound* acompañada por una nota al pie indicando la imposibilidad física de prestar ese servicio a través de tal modo. Sin embargo esto no ocurre en el sector de servicios educativos donde, como se vio la primera parte, todos los modos pueden ser utilizados para la comercialización.

Todo país elige, dentro de un sector y subsector dados, hasta dónde permitir (liberalizar) el comercio de importación en cada uno de los modos. Se debe notar que los compromisos firmados por un país sólo afectan la parte importadora de su comercio o, lo que es lo mismo, las exportaciones que puedan realizar todos los demás países hacia ese destino. Por lo tanto, las listas de compromisos de un país, solo permiten describir las posibilidades de llegada de empresas extranjeras.

Para describir los posibles escenarios las posibilidades son múltiples. Para este trabajo resulta de interés aplicar dos tipos de variables: *variable de la liberalización* o, lo que es lo mismo, la asunción de compromisos; y una subvariable de los *modos*, que permitirá vislumbrar las posibilidades que se abren al liberalizar o restringir alguno de los cuatro posibles modos de comercialización de servicios.

4.2.2.1. Escenarios definidos a partir de la variable de liberalización

Al aplicar la variable de la liberalización, se considerará que todos los modos reciben el mismo tratamiento. Por su parte, al trabajar con la variable de los modos no se realizará una cuantificación del grado de liberalización que se estaría asumiendo. La finalidad de trabajar de esta manera consiste en observar los efectos de ambas variables en absoluto, sin combinar los efectos intermedios de ambas. En el momento de asumir compromisos internacionales será inevitable realizar este cruzamiento, sin embargo esa labor excede los fines del presente trabajo.

Si se considera una *liberalización absoluta* (abarcando todos los modos) el escenario definido es aquel en que todo se permite. Argentina estaría dispuesta a importar los servicios educativos que desee vender toda empresa extranjera proveedora. Bastará, en este escenario, con que la empresa extranjera halle un consumidor local para que la importación de servicios sea un hecho.

La amplitud de posibilidades de suministro internacional que ofrecen los servicios educativos implica que si un país libera todos los modos, las instituciones educativas pertenecientes al resto de los países del mundo tendrán autorización del gobierno para educar a sus nacionales a través del *e-learning* (*comercio transfronterizo*), recibir estudiantes de esa Nación para educarlos en sus casas de estudio (*consumo en el extranjero*), radicar filiales y sucursales de su casa matriz en ese territorio extranjero y prestar los servicios educativos a los habitantes residentes (*presencia comercial*), trasladar a sus docentes, instructores, maestros, para que eduquen a los estudiantes sin que éstos deban moverse de su país (*traslado de profesionales*).

Como contraparte, en la liberalización total se observa también que el resto de países asume esta misma posición. En tal caso, las instituciones educativas de Argentina podrían exportar sus servicios educativos al país que consideren conveniente, sin condicionamientos de las autoridades nacionales extranjeras. Éste es el escenario de la apertura total.

Continuando con la misma variable de liberalización, se puede pensar un segundo escenario, que se denominará *liberalización cero*, o *restricción total*. En principio, sería opuesto: las empresas extranjeras no tendrían manera de vender sus servicios al país. No habría posibilidad de que los estudiantes del país que asume la liberalización cero se eduquen a través de *e-learning*. Tampoco podrían recibir educación en el extranjero. Las empresas educativas extranjeras que intenten instalarse en el territorio nacional del país receptor no podrían hacerlo y habría una barrera a la llegada de profesionales extranjeros de la educación que intenten prestar sus servicios a los ciudadanos del país en cuestión. De la misma manera, asumiendo que el resto de los países opte también por liberalización cero, se acortarían las posibilidades de exportación de las empresas argentinas. Sin embargo, a continuación se verá que esto no siempre es tan así.

El escenario de restricción total que se acaba de describir, en la práctica necesariamente se ve moderado. Existen motivos concretos por los cuales dado el contexto normativo actual de los países, la restricción total no es posible. Los gobiernos nacionales no cuentan con las herramientas necesarias y adecuadas para impedir que exista este tipo de comercio. Aun asumiendo que el país pueda frenar de manera absoluta la radicación de instituciones educativas extranjeras en su territorio (sería el modo más fácil de restringir si se tomara esta decisión) o que no otorgue autorización a docentes y profesionales extranjeros para educar a sus ciudadanos (exigiendo visas para el ingreso de extranjeros y obstaculizando el ejercicio de actividades comerciales) se restringirían los modos 3 y 4. Pero, ¿cómo impedir que un ciudadano viaje al extranjero y reciba educación mientras se encuentra fuera del país? ¿Cómo controlar la actividad virtual que cualquier ciudadano puede realizar a través de internet? ¿Cómo impedir que reciba educación por ese medio y pague por ella a través de un sistema electrónico o giro postal?

Si la convicción de restringir del Estado es lo suficientemente fuerte, puede llegarse a la instancia de no otorgar validez nacional a los títulos obtenidos en el extranjero. Sin embargo, esto no eliminará el comercio. Un ciudadano puede acceder a la educación extranjera y aplicar los conocimientos recibidos aun sin contar con reconocimiento de su propio Estado. Podrá también aplicar los conocimientos y la titulación obtenida trabajando para el extranjero.

Los interrogantes planteados habilitan a concluir que no es posible, en el estado en que actualmente se encuentra la legislación nacional e internacional, lograr una restricción total en el comercio internacional de servicios educativos. Por tal motivo, aun no existiendo compromisos de liberalización, las barreras comerciales en este sector no son absolutas. Asimismo, no se vislumbran avances en la normativa jurídico-institucional de los países para revertir esta situación. Intentar controlar este tipo de comercio sería una tarea sumamente trabajosa y de dudosos resultados. Por estos motivos es correcto afirmar que el comercio internacional de servicios es una realidad y lo seguirá siendo inclusive en el escenario más restrictivo.

Sin desmedro de lo analizado en los párrafos precedentes, cabe aclarar que la no liberalización en la comercialización de servicios tiene un propósito importante. El hecho de que el comercio exista en algunas de sus posibles formas no equivale de ninguna manera a decir que la restricción carece de sentido. Todo lo contrario, la restricción en el comercio de servicios es una herramienta poderosa en la negociación. Los países con conocimientos profundos sobre los mercados de servicios, tanto nacionales como internacionales, sacan provecho al asumir compromisos en el AGCS. Berlinski y Soiffer (2002) aportan una excelente evidencia del poder del *no compromiso* y del uso que han sabido hacer en modos específicos los países desarrollados (dentro del subcontinente sudamericano, Brasil y Chile).

Para mencionar algunos ejemplos hipotéticos, un país que fomenta el crecimiento y la consolidación de sus servicios de salud, se verá beneficiado de restringir, quizás temporalmente ese subsector hasta que se vea consolidado y adquiera la fuerza suficiente para competir internacionalmente.

Otro ejemplo consiste en aplicar la restricción a la comercialización como herramienta negociadora. En este caso un país podría abstenerse de liberalizar un sector, a la espera de que otros países asuman un compromiso de liberalización en el mismo u otro sector.

El mecanismo de regateo descripto en el párrafo anterior se da en la comercialización internacional de servicios donde las negociaciones se realizan en rondas prolongadas con una sucesión de peticiones, ofertas iniciales, ofertas definitivas y nuevas peticiones. Las ofertas y contraofertas se perfeccionan paulatinamente hasta llegar a un punto de acuerdo en el que un país se siente satisfecho o encuentra un equilibrio favorable entre lo que está ofreciendo y lo que recibe a cambio. Si un país asume una liberalización importante, puede quedarse sin más para ofrecer a posteriori, sin margen para negociar mejoras en las ofertas de sus contrapartes. Llegar a esta situación es considerablemente grave dado que en la negociación enmarcada en el AGCS no hay margen para una vuelta atrás en compromisos asumidos. Una vez que un país asume un compromiso, lo debe sostener para todos los países miembros del AGCS y de manera permanente.

Para finalizar con la variable de la liberalización, se deben considerar los puntos medios entre los dos escenarios descriptos. Entre el primer y segundo escenario existe una infinidad de posibles casos que dependerán del grado de apertura o liberalización que cada país acepte. Para hacer esto evidente basta con recordar dos particularidades de la confección de las listas de compromisos de cada país en el AGCS. La primera se da por las palabras que se emplean: *none, unbound, y unbound**. Mientras *none* y *unbound* son taxativas, *unbound** abre una infinidad de posibilidades que dependerán de cada país. La segunda particularidad se refiere a la cuarta columna de las listas de compromisos, destinada a *Compromisos Adicionales*, donde cada país puede asumir otro tipo de compromisos no contemplados en la segunda y tercer columnas (*Acceso a Mercado y Trato Nacional*).

4.2.2.2. Escenarios definidos a partir de la subvariable de modos

La subvariable de los modos permitirá conocer lo que ocurre con el comercio exterior de servicios educativos si un país aplica la variable de la liberalización a uno o más modos específicos. Los cuatro modos en que se puede suministrar un servicio de educación de un país a otro son: *comercio transfronterizo, consumo en el extranjero, presencia comercial y traslado de profesionales*. A lo largo de este apartado se comprobarán los resultados que se obtendrían si Argentina permitiera o no los flujos comerciales en los diversos modos de suministro. En cada uno de los escenarios a definir se analizarán las ventajas y desventajas, tanto para las empresas exportadoras del país como para la población en general.

Para comenzar por el modo 1, en caso de que el país determine una *restricción total*, indicará su negativa a la llegada a su mercado nacional a las universidades y casas de estudio extranjeras, impidiéndoles educar a sus ciudadanos a través de sus portales web, e imposibilitándoles enviar por correo postal cualquier tipo de material pedagógico que permita al estudiante desarrollar el proceso de aprendizaje.

El interrogante principal que surge ante esta hipotética situación es: ¿puede un Estado prohibir este tipo de actividad? La respuesta consta de dos partes. Una desde el derecho internacional, otra desde lo fáctico. Desde el derecho internacional, la respuesta es sí: el Estado puede impedir este tipo de actividad de importación, colocando en su lista de compromisos del AGCS la palabra *unbound* (sin compromisos) en el modo 1 correspondiente al sector de servicios de enseñanza, tanto para Acceso a Mercado como para Trato Nacional y Compromisos Adicionales. De esta manera, legalmente, el país no estaría en la obligación de permitir estos flujos de comercio. Sin embargo, esta respuesta no es satisfactoria en los hechos.

El país que decida hacer cumplir la restricción a un modo de comercio internacional, deberá estar en condiciones de poder controlarlo, tarea en principio difícil y casi imposible, si el Estado desea conservar las libertades de comunicación de sus ciudadanos.

Las medidas que debería adoptar el Estado para impedir la importación de servicios educativos en modo 1, deberá implicar un control de los sitios web visitados por los ciudadanos, y control de la correspondencia (electrónica y postal). Otra medida que debería tomar, sería controlar el destino de los pagos electrónicos, giros postales o cualquier medio por el cual un ciudadano pueda enviar dinero al exterior. De esta manera podría garantizar que no se efectúa importación de un servicio educativo pero, ¿puede imaginarse un país democrático que intente llevar adelante semejante tarea?

Un modo más simple podría ser no otorgar validez a las titulaciones otorgadas por instituciones educativas extranjeras. Sin embargo esta medida no es efectiva, fundamentalmente por dos razones. En primer lugar, el título, si bien no será válido dentro de las fronteras estatales, podría serlo fuera del país. El hecho de que un Estado no convalide un título es sólo una contra, pero no necesariamente quita todo el valor de dicho documento ante, por ejemplo, empresas privadas. Por otro lado, la invalidez otorgada a un título no impide que haya existido comercio y el ciudadano haya sido educado por la institución extranjera.

En función de lo expuesto, no es difícil admitir que las posibilidades de un país democrático de impedir el comercio exterior de servicios educativos a través de modo 1 son sumamente débiles. Ante este escenario, las instituciones educativas del país deben ser conscientes de estar enfrentando actualmente, y seguir haciéndolo, una competencia extranjera.

Considerando el caso opuesto dentro del mismo modo, la *apertura total* o *máxima liberalización* del mercado educativo significaría que los ciudadanos del país podrán acceder vía internet o por correo postal a los cursos de capacitación que ofrezcan las instituciones educativas extranjeras. Entonces, ¿qué pasa si un país decide liberalizar el modo 1? La forma jurídica de hacerlo es colocar la palabra *none* (ninguna restricción) en el sector servicios de enseñanza en el modo 1, en las columnas ya mencionadas. La situación de liberalización descripta indica que las instituciones educativas extranjeras son bienvenidas a prestar sus servicios a los ciudadanos nacionales. En ese caso, las cuestiones relativas a validación de titulaciones, pasantías, prácticas profesionales lo concerniente al proceso de aprendizaje sería facilitado por el propio Estado.

Independientemente de cómo se instrumente la liberalización, en términos generales se podría decir que las empresas extranjeras estarían legitimadas por el Estado. De esta manera se profundizaría el potencial de los competidores de las empresas locales. Por lo tanto las empresas del país deberían aumentar sus esfuerzos por retener a los clientes.

Es oportuno en este caso realizar preguntas concernientes a la calidad de la educación. Fronteras adentro, cada país posee organismos nacionales de evaluación y acreditación de las casas de estudios. En Argentina, las evaluaciones de la CONEAU constituyen un respaldo importante para el estudiante que desea asegurarse de que su inversión en esfuerzo, tiempo y dinero no será en vano. Sin embargo, si se abre la importación de servicios educativos, ¿cómo haría el Estado para ofrecer seguridad a sus ciudadanos sobre la calidad del servicio a consumir? ¿Realizaría el Estado una evaluación del órgano evaluador y acreditador de las universidades extranjeras antes de tomar una decisión que implique poner al alcance de la población un servicio cuya calidad no está probada? ¿Serían los propios estudiantes los encargados de evaluar la calidad del servicio extranjero en este caso? Son algunos de los cuestionamientos que surgen al pensar cómo y hasta dónde liberalizar servicios de enseñanza.

Profundizando los cuestionamientos se debe considerar que, dado que el país que liberaliza este tipo de comercio está aceptando el Trato Nacional, deberá ofrecer a las empresas extranjeras un trato igual de favorable que a las empresas locales. Esto, ¿significa que las universidades y casas de estudios extranjeras podrían pedir ser sometidas a la evaluación y posterior acreditación ante CONEAU? De ser así, los títulos otorgados por empresas extranjeras tendrían el mismo valor que las nacionales. Sin embargo en esta materia resta un gran camino por recorrer y muchas cuestiones deberán ser tenidas en cuenta al momento de firmar compromisos internacionales.

Antes de finalizar con el modo 1, se debe recordar que entre las opciones de liberalización total y restricción total existen posturas intermedias. Resulta casi imposible enumerar las posibilidades que esta posición intermedia posee. Se mencionarán las herramientas con las cuales se puede realizar. Las maneras de adoptar una postura intermedia son: permitiendo la liberalización en Acceso a Mercado y no en Trato Nacional o viceversa; utilizando la columna de Compromisos Específicos para indicar en qué casos concretos el país acepta algún tipo de llegada de estos servicios, o también utilizando la palabra *unbound** aclarando de manera precisa a qué se refiere ese llamado.

Se aplica ahora la subvariable al modo 2, *consumo en el extranjero*. En caso de que Argentina decida liberalizar este modo, la consecuencia será que todos los ciudadanos que cuenten con los recursos necesarios podrán viajar al extranjero para recibir allí la educación deseada. Esto es así dado que el modo 2 implica un traslado del importador hasta la plaza del exportador. El consumo del servicio se realiza, de esta manera, en el país al que pertenece la empresa exportadora.

A diferencia de lo que ocurre en el comercio transfronterizo, en este modo el ciudadano consumidor que actúa como importador, recibe una educación presencial, mientras en el caso anterior la educación necesariamente se realiza a distancia.

Siendo éstas las condiciones de suministro de un servicio de enseñanza en modo 2, en principio bastará al Estado colocar la palabra *none* en el casillero correspondiente a Acceso a Mercado y Trato Nacional. Sin embargo, para que realmente se cumpla el Trato Nacional, debería haber igualdad de condiciones, en cuanto a las facilidades que otorga el Estado, con las empresas locales. Por este motivo, se repite lo mencionado en la descripción de la liberalización del modo 1 relativo a los procesos de evaluación y acreditación. De similar manera, los títulos obtenidos en el extranjero deberían ser validados en el país. Esto requiere de un esfuerzo tan grande como en el caso del modo 1, porque tanto en modo 1 como en modo 2 los ciudadanos pueden elegir formarse en instituciones educativas de cualquier país que integre el AGCS.

En un escenario de liberalización como el descripto, las empresas de servicios educativos locales deberán competir contra las universidades de países firmantes del AGCS. La principal ventaja que tienen sobre sus competidores es que el ciudadano no necesita salir de su país para educarse. Por otra parte, a diferencia de lo que ocurre en el modo 1, donde las empresas locales pueden ofrecer educación presencial, en el modo 2 esto se revierte. Tanto las instituciones educativas locales como las extranjeras están en condiciones de ofrecer educación presencial. En el caso de las primeras, dentro del territorio nacional. En el caso de las segundas, en el extranjero.

Se analiza a continuación el escenario que se abriría a partir de la situación opuesta: una restricción total del modo 2. En este caso, el Estado colocaría *unbound* en la lista de compromisos pero, ¿qué implicancias habría en la práctica?

En la situación descripta se repite, aunque con diferentes consecuencias, lo que ocurre al intentar restringir el modo 1. ¿Cómo puede hacer un Estado para impedir a sus ciudadanos viajar y recibir educación en el extranjero? Las respuestas van de la mano con las libertades individuales y el respeto a los derechos humanos. Por lo tanto, para el Estado se torna sumamente difícil aplicar este tipo de decisión. Una vez más, se podría recurrir a la invalidez de los títulos obtenidos en el extranjero. Sin embargo, de igual manera a lo que ocurre en el modo 1, con esta medida no se impide el comercio ni se quita por completo el valor que la titulación obtenida pueda tener ante empresas o instituciones nacionales o extranjeras.

En este caso, las instituciones educativas nacionales contarían con esa ventaja, la de proveer títulos reconocidos y avalados por el Estado.

Una vez más se recuerda la posibilidad del país de asumir posiciones intermedias entre las dos descriptas, para lo cual se recurriría a las herramientas detalladas al analizar los escenarios del modo 1.

A diferencia de lo que ocurre con los dos primeros modos donde, como se observa, el Estado no cuenta con suficientes o adecuadas herramientas para restringir u obstaculizar el comercio exterior de servicios educativos. En los modos 3 y 4 esto se revierte de manera muy considerable. Por las propias características de estos dos modos de suministro de servicios, el Estado se encuentra en mejor posición para controlar, moderar, impedir o adaptar la importación de servicios a sus necesidades concretas y específicas.

El modo 3, *presencia comercial*, implica la llegada al país de instituciones educativas extranjeras. La manera de suministrar un servicio educativo realizando una exportación en modo 3 implica una inversión extranjera directa (IED).

La IED es aquella por la cual capitales extranjeros son colocados en el país con un objetivo comercial o productivo. Estos capitales pueden ser destinados a actividades primarias, industriales o a servicios. En este último caso, y si además se da la condición de que el país anfitrión consume los servicios prestados por la entidad inversora, dicho país está realizando una compra de servicios, es decir una importación a través del modo 3. La empresa del país proveedor instalará una sucursal o una filial de su casa matriz en el país extranjero al cual desee exportar sus servicios. La comercialización se producirá cuando los ciudadanos del país receptor de esa sucursal o filial comiencen a educarse en dicha institución, pagando por eso un arancel.

En caso de que un país como Argentina adopte una *liberalización total* de los servicios educativos en modo 3, estará indicando que no colocará ningún tipo de barrera arancelaria ni paraarancelaria a la llegada a su territorio de estas empresas. Implica además que, una vez instaladas en suelo argentino, las empresas serán tratadas como el resto de empresas nacionales del sector educativo.

Argentina tiene una política de promoción de las exportaciones que intenta ser activa.[60] Independientemente de los cambios institucionales que desalientan fuerte-

---

[60] La Ley de Inversiones Extranjeras, 21.382 de 1993, otorga al inversor foráneo las mismas facilidades que a los nacionales, tanto en el ingreso como en la participación de regímenes promocionales. Según el artículo 1 de dicha ley "Los inversores extranjeros que inviertan capitales en el país en cualquiera de las formas establecidas [...] destinados a la promoción de actividades de índole económica, o a la ampliación o perfeccionamiento de las existentes, tendrán los mismos derechos y obligaciones que la Constitución Nacional y las leyes acuerdan a los inversores nacionales, sujetos a las disposiciones de la presente ley y de las que se contemplen en regímenes especiales o de promoción." (Boletín oficial, 1993) Con esta disposición el gobierno apunta a otorgar a los inversores extranjeros garantías de no sufrir ningún tipo de discriminación ni trato diferente al recibido por los inversores nacionales.

Además de la igualdad en el trato, el artículo 5 da a los inversores foráneos la posibilidad de disponer con libertad de las ganancias obtenidas de su inversión. Según dicho artículo el gobierno argentino no impedirá la salida del país del dinero proveniente de dicha actividad. Más aún permite al extranjero dar marcha atrás con la inversión a través de la repatriación. "Los inversores extranjeros podrán transferir al exterior las utilidades líquidas y

mente la inversión, las leyes nacionales sancionadas sobre la materia constituyen un aliciente que permite sostener que en principio, Argentina favorecería la llegada de estos capitales.

A pesar de lo mencionado en el párrafo anterior, la IED en el sector servicios educativos es una cuestión de una sensibilidad especial. La formación de los recursos humanos forma parte de un tema vitalmente importante en el interés nacional, motivo por el cual recibe especial atención. Existe un extenso debate en el país sobre cómo se debe proceder en esta materia. A los fines del presente trabajo basta con mencionar que desde que existen universidades y facultades privadas, la actividad educativa se vincula inevitablemente a la actividad comercial. Escapa a los objetivos aquí planteados tomar una postura al respecto o establecer alguna consideración concerniente al interés nacional o tráfico de influencias.

En el caso de *liberalización total*, las instituciones educativas locales deben prepararse para competir con capitales externos que contarán con las mismas ventajas que ellas poseen. Este tipo de comercio existe en Argentina dada la presencia de una universidad extranjera.[61]

---

realizadas provenientes de sus inversiones, así como repatriar su inversión." (Boletín Oficial, 1993)
Otro artículo que releva las facilidades dadas a los extranjeros a la hora de invertir es el N° 7, que establece la posibilidad de los inversores foráneos de utilizar el crédito interno en igualdad de condiciones respecto de los nacionales. "Las empresas locales de capital extranjero podrán hacer uso del crédito interno con los mismos derechos y en las mismas condiciones que las empresas locales de capital nacional." (Boletín oficial, 1993)

[61] Es el caso de la Universidad de Bologna en la CABA.

En el caso opuesto, si Argentina optase por una *restricción total* al comercio exterior de servicios en modo 3, no existiría inversión extranjera directa en servicios de enseñanza. En este caso, el Estado sí podría impedir el comercio dados los permisos que requiere el capital extranjero para instalarse en el país. El interrogante a hacerse entonces es: ¿qué hacer con las empresas ya existentes?

Para las demás empresas locales, la restricción del modo 3 traería una enorme tranquilidad dado que mantendrían las ventajas sobre las empresas extranjeras. El modo 3 es aquel en que las empresas extranjeras brindan más ventajas al estudiante local ya que puede acceder a una educación presencial, sin radicarse en otro país.

Los escenarios intermedios que pueden generarse utilizan las mismas herramientas que en los mencionados en los modos anteriores.

La comercialización de servicios en modo 3 puede ser limitada u obstaculizada por medidas de distinta naturaleza. Las barreras a la IED pueden hallarse tanto en el acceso al mercado, a través de la aplicación del Trato Nacional, como en otras disposiciones que afectan indirectamente esta actividad. Las medidas relativas al Acceso a Mercado son de distinta intensidad. Pueden ser las prohibiciones exhaustivas a todo tipo de inversión extranjera, pasando por las restricciones más moderadas como las que exigen un 51% de capitales nacionales en una empresa o las que sólo permiten hasta un 49% de capitales provenientes de una empresa extranjera. Afectan también el Acceso a Mercado las disposiciones que determinan en qué subsectores específicos se pueden realizar inversiones o en qué área geográfica se deben ubicar las empresas. Otro tipo de medidas son las que restringen el número de empresas extranjeras por sector de servicios. Volviendo al Trato Nacional, un país puede restringir, para las empresas extranjeras, el campo en el cual pueden desempeñarse (en el caso de servicios educativos, las empresas pueden ser obligadas a dictar cursos específicos de ciertas materias). Se puede también negar el financiamiento y todo tipo de subsidios, asistencia del gobierno e incentivos (UNCTAD, 1994).

Interesa en este punto destacar uno en particular. Argentina, en línea con su política de promoción de la IED, sin olvidar la protección a la industria local, podría liberalizar el comercio en modo 3 en lo concerniente a Acceso a Mercado, pero no liberalizar en la columna de Trato Nacional. De esta manera, el país estaría permitiendo la llegada de flujos de IED, favoreciéndose de todas las consecuencias positivas que esto implica, y a su vez se estaría guardando el derecho de exigir a las empresas extranjeras más de lo que pide a las locales.

Resta analizar los escenarios del modo 4, *traslado de profesionales*. En este modo, son los profesionales de la educación, docentes, instructores, profesores, entre otros, los que se trasladan a la plaza del consumidor para prestar allí sus servicios. Los profesionales realizan una exportación de su país de origen al mismo tiempo que los ciudadanos que decidan pagar por la educación, formación o instrucción recibida la importan.

Si Argentina optase por *liberalizar completamente* el comercio exterior de servicios en modo 4, estaría aceptando la llegada a su territorio de todos los profesionales de la educación que deseen trabajar educando a sus ciudadanos. En este caso, los profesores y docentes de otros países no tendrían obstáculos, ni deberían hallar barreras paraarancelarias en el momento de llegar al país con el propósito de ejercer su profesión. En este caso, la competencia se sentiría, más que en las universidades y facultades, en los docentes locales que competirían en empleos con los extranjeros.

En el caso opuesto, es decir de una *restricción total* al comercio exterior de servicios educativos en modo 4, el país inhibiría la llegada de profesionales. Los límites y restricciones a la importación de servicios a través del modo 4 podrían ser de diferentes índoles. En reiteradas ocasiones las restricciones al ingreso de personas naturales a países miembros del AGCS se concreta a través de con reglamentaciones domésticas. A continuación se sintetizan los tipos de barreras al libre comercio originadas en el país destino dentro del modo analizado.

   a. **Reglas relativas al ingreso y estadía de proveedores:** instrumentados a través de leyes y procedimientos que complican y demoran la obtención de visas y permisos de residencia o de trabajo. Existen también disposiciones que limitan la cantidad de personas que pueden ingresar o la duración de su estadía. El otorgamiento de los mencionados documentos forma parte de la política inmigratoria de un país en la que influyen factores como la historia, la tradición cultural, la incidencia de este fenómeno en la tasa de crecimiento poblacional, la política de seguridad nacional y los objetivos sociales.[62]
   b. **Leyes de reconocimiento, certificación y licencias:** estas leyes tienden a ser muy exigentes en cuanto a la calidad y a la experiencia profesional en ciertos segmentos de servicios a los cuales la enseñanza no escapa. El fundamento de estas elevadas exigencias

---

[62] UNCTAD, Op.Cit.

es la necesidad de garantizar la calidad en servicios clave para el desarrollo económico y humano. Sin embargo, con estas leyes resulta sencillo dar lugar a la discrecionalidad y hasta la discriminación a los extranjeros.

c. **Trato diferencial a proveedores extranjeros:** sumado a las diferencias observadas, la actividad de los proveedores extranjeros se puede restringir cobrando impuestos. El gobierno del país anfitrión puede exigir contribuciones para la seguridad social aun permaneciendo en el país por períodos muy cortos. Otra manera de desalentar la actividad de los extranjeros es dificultar la competencia ofreciendo beneficios y subsidios a los prestadores nacionales.[63]

d. **Exigencia de contrato de empleo previo al ingreso:** esta condición impide el ingreso de aquellos profesionales que emigran motivados por el deseo de probar suerte en el extranjero y la posibilidad de hallar condiciones más favorables que en su país.

e. **Exigencia para la transmisión de capacitación y conocimientos:** muchas veces las empresas o instituciones que emplean a un extranjero dentro del área de servicios lo hacen con la intención de que pueda transmitir conocimientos sobre la materia, adquiridos en su país, al resto de miembros de la empresa o institución en la cual el proveedor de servicios vaya a desempeñarse. De esta manera el proveedor no sólo vende un servicio sino que

---

[63] CHANDA, Rupa, Movement of Natural persons and the GATS, en HOEKMAN, Bernard, MATTOO, Aaditya, ENGLISH, Philip, (Compliladores), (2002), Development, trade and the WTO, a handbook, Cap IV Developing countries and the negociations on trade in services, Washington DC, pág. 213 a 346.

paralelamente brinda el *know how* de cierta prestación, la mayoría de las veces sin recibir por esto una remuneración extra.
f. **Requerimiento de ciudadanía:** en este punto hay que ser cuidadosos, si un miembro del AGCS sólo va a permitir el ingreso de ciudadanos de determinados países o de ciertos ciudadanos, se estará discriminando. La discriminación es contraria a los fines del tratado. Tampoco sería conveniente que un país exija a los potenciales proveedores sacar la carta de su misma ciudadanía. En este caso, una vez el trabajador se convertiría en nacional del Estado destino y la prestación deja de ser exportación.

4.3. Opciones favorables para Argentina

En un terreno en el que todo se está por hacer, las posibilidades resultan infinitas, sin embargo no todas son convenientes o factibles. Lo detallado previamente ayuda a comprender cuáles serían las mejores alternativas para Argentina en la comercialización externa de sus servicios educativos de posgrado en ciencias sociales.

Sin embargo, las mismas opciones podrían ser válidas también para sus vecinos subcontinentales. Argentina deberá explotar sus ventajas y astucia negociadora para obtener los mejores resultados posibles. ¿Cuál sería el escenario más anhelado? Aquel en el cual todas las instituciones educativas se encuentren facultadas para exportar sus cursos de posgrado en ciencias sociales al país que consideren conveniente y del modo que más favorable resulte, abonando los menores costos posibles pagando y cobrando el mayor precio posible a los servicios prestados. Un escenario en que los ciudadanos argentinos puedan acceder a la educación de la mejor calidad, dentro o fuera del país, con el menor costo posible. Entonces ¿cómo es conveniente negociar en el AGCS? ¿Qué concesiones hacer en función del objetivo planteado? ¿Qué tipo de liberalización se debe pedir a cambio a los países vecinos?

Argentina comparte con el resto de países América del Sur una marcada preferencia de los estudiantes hacia las ciencias sociales en sus diferentes ramas. Como se planteó, la demanda de servicios educativos se acerca a un 55%. Por otra parte, de acuerdo al relevamiento de cursos ofrecidos, en todos los países la oferta de cursos de posgrado en ciencias sociales es abundante y cubre todas las ramas y niveles.

Este relevo permite indicar que no hay un campo específico en el cual las empresas argentinas puedan destacarse para la comercialización de sus servicios. Como se comprobó en el capítulo 3, cada país posee instituciones específicas dedicadas a la administración, control, evaluación y acreditación de los estudios de posgrado. En función de la labor de dichos órganos es posible detectar si un curso específico cuenta o no con la aprobación de su país y hasta qué grado de certificación alcanzó según su calidad. Sin embargo aún no es posible establecer comparaciones.

No existe una instancia internacional que pueda centralizar las evaluaciones de calidad y llegar a establecer un estándar aplicable a todos los países, del subcontinente o del mundo. Una herramienta de estas características simplificaría la tarea de comparación y permitiría al estudiante informarse antes de decidir dónde iniciar un estudio de posgrado.

Más elementos cobran fuerza en la elección de un estudio de posgrado: el reconocimiento de la universidad o casa de estudios, sus aranceles, su radicación y el costo de vida del país elegido, entre otros.

A continuación se planteará la manera en que Argentina, a través de las negociaciones internacionales, podría posicionarse como la mejor opción para los estudiantes extranjeros.

4.3.1. Exportación de servicios según la variable liberalización

El análisis estratégico parte de lo más general (variable liberalización) hasta llegar a la negociación de cada modo.

En primer lugar, y retomando lo analizado en los escenarios descriptos, *una liberalización total en los compromisos específicos no es conveniente para las empresas argentinas*. Esta afirmación se fundamenta en dos principios. Por un lado, los competidores del subcontinente son numerosos y poseen una generosa oferta en los servicios analizados. De esta manera, la liberalización total incrementaría la competencia a la cual están sometidas actualmente las empresas educativas argentinas. Más aun, las empresas extranjeras no sufrirían el mismo aumento de competencia hasta tanto su país de origen decida liberalizar, lo que no se garantiza de una liberalización por parte de Argentina.

Por otro lado, una liberalización unilateral no resulta conveniente porque quita la posibilidad de exigir. Argentina, al igual que el resto de los países sudamericanos, no realizó ningún tipo de compromiso. Todo se encuentra por hacer y si Argentina liberaliza unilateralmente sin obtener nada a cambio, generaría no sólo una mayor competencia a sus propias empresas sino que perdería la oportunidad de obtener algo a cambio. En este caso, lo que sí podría hacer Argentina es negociar compromisos específicos con aquellos países con los que esté interesada en incrementar su comercio exterior, tanto de importación como de exportación. Para esta selección será acertado considerar los datos relevados en el capítulo 2 sobre la demanda, siendo de especial interés los que posean mayor volumen poblacional y mayores niveles de ingreso: Brasil es el que mejor combina ambas variables.

Adicionalmente es oportuno recordar que una vez asumido un compromiso en el AGCS no es posible volver atrás, dados los costos que esto implica para los actores internacionales afectados. El análisis acerca de las consecuencias resulta entonces indispensable como primer paso.

El caso opuesto de *una restricción total del comercio de servicios* tampoco parece recomendable.

Tal como están las cosas existe comercio exterior de servicios educativos entre los países de América del Sur. Por consiguiente, pronunciarse en las listas de compromisos del AGCS rechazando dicha práctica puede tener dos consecuencias: obligarse a crear y aplicar mecanismos de control que garanticen que lo firmado internacionalmente por Argentina se cumple (recordando lo complicado y casi imposible que resulta dotar al país de tales sistemas); caer en el ridículo de pronunciarse en contra de una práctica alimentada en parte por nuestros mismos ciudadanos. Más aún, podría dotar al país de un perfil cerrado, reacio al intercambio comercial en este sector. Antes de adoptar esta posición podría resultar más favorable no asumir pronunciamiento alguno.

De esta manera se evita liberalizar sin problemas de la restricción.

Siendo ambos extremos de la variable liberalización no favorables a Argentina, resulta necesario optar por una *posición intermedia*. La pregunta en este punto es, ¿de qué manera se construye tal posición?

En materia de comercio exterior de servicios, las posibilidades llevan a avanzar en el análisis sobre los cuatro modos de exportar e importar.

4.3.2. Comercio exterior de servicios según la subvariable de modos

Comenzando por el **modo 1,** el **comercio transfronterizo**, resulta la modalidad más conveniente para los países con escasas posibilidades de inversión. No requiere la apertura de una sede física en el extranjero, ni ampliar la capacidad ya instalada para albergar estudiantes foráneos. Con los permisos necesarios en el país de origen y destino, y una adecuada estrategia de marketing, los estudiantes extranjeros pueden consumir cursos de posgrado de Argentina. Por este motivo es interesante para las empresas contar con el reconocimiento y apoyo del país de origen del estudiante consumidor. Se considera entonces que una apertura de los países sudamericanos en el modo 1 resulta favorable para las empresas argentinas. De manera paralela, si Argentina liberaliza este modo, las empresas de los países del continente accederían a los mismos beneficios. Lo recomendable sería, por estos motivos, incluir la liberalización del modo 1 en las peticiones a los demás países, antes de realizarlo.

Según las posibilidades que ofrece el **modo 2, si se liberaliza el consumo en el extranjero** se incentivaría la posibilidad de los ciudadanos argentinos de capacitarse en otros países. Para que esto sea efectivo posiblemente las universidades extranjeras pidan a Argentina el reconocimiento de títulos. Como contraparte, si los demás países liberalizan el modo 2 y reconocen los títulos otorgados por Argentina, los incentivos para educarse en Argentina se incrementarían. De todas maneras, más allá de lo establecido en los compromisos internacionales, la decisión de estudiar en el extranjero se ve influenciada por otros factores económicos. Las empresas argentinas deberían estar preparadas para recibir una mayor cantidad de alumnos extranjeros lo que requeriría una mayor inversión a las empresas prestadoras del servicio que el necesario para exportar en modo 1.

El **modo 3, presencia comercial,** es un caso especial. Para estar en condiciones de aprovechar los beneficios de su liberación en países extranjeros, las empresas deben estar en condiciones de invertir en otros países y a largo plazo. Esto es lo que lleva a los países más desarrollados a exigirle a los países en desarrollo liberalizar este modo. A cambio, países como Argentina y la mayor parte de sus vecinos de América del Sur, no encuentran incentivos en pedir liberalización en modo 3, dados los esfuerzos de inversión que se requerirían para poder aprovechar esta posibilidad. Como contraparte, si Argentina acepta liberalizar este modo, sometería a las instituciones educativas locales a una fuerte competencia extranjera instalada en su propia plaza. Siendo así, las ventajas de las empresas argentinas para competir con las empresas foráneas a través de la educación presencial se desvanecerían. Esto lleva a no recomendar una liberalización del modo 3, al menos no si se quiere favorecer a las instituciones educativas locales. De todas maneras, esto sí favorecería a los estudiantes con una mayor oferta.

En el **modo 4, traslado de profesionales,** los países en desarrollo vuelven a tener ventajas. Sólo que no necesariamente son las instituciones educativas las que se benefician, sino también los profesionales independientes. La liberalización del traslado de profesionales abrirá buenas oportunidades de negocios a todo el cuerpo de docentes, profesores e instructores que se verán habilitados para prestar sus servicios en el extranjero. Si los países de América del Sur liberalizan este modo, los profesionales de Argentina tendrán una nueva fuente de trabajo. Si Argentina es quien decide la liberalización, los profesionales de los demás países contarán con esta posibilidad y Argentina se beneficiaría con la posibilidad de atraer profesionales especializados del ámbito internacional, fomentando la interculturalidad en las ciencias sociales.

Es importante mencionar que este modo tampoco implica grandes inversiones, motivo por el cual resulta conveniente a los profesionales de los países de América del Sur. Los países desarrollados son, entonces, los más reacios a liberalizar este modo.

4.3.3. Estrategia negociadora general

Para Argentina será conveniente asumir internacionalmente una posición intermedia en cuanto a la liberalización de su comercio de servicios educativos de posgrado en ciencias sociales. Esa postura intermedia se definirá aprovechando las posibilidades de los modos 1, 2 y 4; dentro de los cuales los dos primeros beneficiarán a las instituciones educativas y el último a los profesionales independientes. Argentina debería intentar obtener concesiones de las demás partes en el acuerdo en los modos mencionados ya que son los más propicios para incrementar las exportaciones con menor inversión.

Tratándose de una negociación, es probable que lleguen a Argentina peticiones para la liberalización del modo 3. En este caso, y conociendo las consecuencias que traería, se recomienda atender al caso particular y, si se concluye que dicha inversión es favorable, darle lugar sin excederse en el tipo de liberalización que se otorgue. Esta afirmación radica en que las libertades que se otorgan van regidas con el trato de nación más favorecida, lo que amplía los beneficios a los demás países.

No debe perderse de vista que siendo el modo 3 el más tentador para los países más desarrollados, constituye una buena fuente para negociar a cambio concesiones en otros sectores. No se debe desdeñar el potencial del modo 3 como herramienta de regateo en la negociación. Se cita como ejemplo la representación brasilera en el ámbito del AGCS que impulsó la idea de trocar concesiones en el modo 3 por concesiones en el modo 4. Este tipo de acuerdos puede resultar favorable a ambas partes y generar mutuas oportunidades de negocio.

CAPÍTULO 5: CONCLUSIONES

Habiendo analizado el estado regional sudamericano de las negociaciones en materia de comercio exterior de servicios educativos en el seno del AGCS, la oferta y demanda para cursos de nivel de posgrado en el área de las ciencias sociales, y las posibilidades de Argentina, se confirman las hipótesis del trabajo.

1: Argentina está en condiciones de incrementar sus exportaciones de servicios educativos superiores a países sudamericanos.

2: La descripción detallada de la demanda y oferta académica superior en ciencias sociales en los países de América del Sur, así como los compromisos de los países sudamericanos en el AGCS, contribuye a descubrir oportunidades de negocios para las empresas argentinas que se dediquen a la exportación de servicios de este tipo.

Reforzando la afirmación de que Argentina puede incrementar sus exportaciones de servicios, se observa que los modos 1 y 4 (comercio transfronterizo y traslado de profesionales), serían favorecidos en gran medida si se alcanzaran compromisos parciales con los países de América del Sur. La recomendación de estos modos radica en que no requieren grandes inversiones de recursos humanos o capital. En el caso del modo 2 (consumo en el extranjero) las oportunidades también se verían incrementadas a través de los acuerdos dentro del marco del AGCS, aunque esta modalidad exige más inversión al requerir condiciones edilicias, además de profesionales para recibir a los estudiantes internacionales.

Al describir y cuantificar la oferta de cursos de posgrado en ciencias sociales en todos los países de América del Sur, se descubre una abundante cantidad de cursos en todas las áreas de estas ciencias. Se puede afirmar que Argentina posee una oferta académica amplia y completa, y se encuentra en condiciones de prestar sus servicios también a estudiantes extranjeros a través de algún modo de exportación. Sin embargo, los países vecinos también cuentan con una oferta abundante y en todas las áreas, por lo tanto se encontrarán en condiciones de competir.

Este primer relevamiento de información es útil al presente trabajo para confirmar la presencia de competidores actuales y potenciales en el campo educativo sudamericano. Será necesario un estudio posterior con mayor detalle sobre este mismo punto que pueda arrojar luz sobre aspectos claves a la hora de pensar una estrategia de negocios internacional. Dichos aspectos son:

- La capacidad de las universidades y casas de estudio extranjeras para educar estudiantes extranjeros en las modalidades presencial y a distancia;
- Los aranceles;
- El costo de vida en el país.

Un dato muy importante al pensar estrategias de comercialización será el que puedan arrojar los organismos evaluadores y acreditadores. Como ya se planteó, sería ideal contar con un sistema de evaluación homogéneo que permita medir a todos los países con los mismos criterios y facilitar así las comparaciones.

El análisis de la demanda y la descripción de escenarios refuerzan la afirmación sobre las posibilidades de Argentina de ampliar sus exportaciones de servicios

educativos de posgrado en ciencias sociales. Sin embargo, para lograr una buena estrategia de inserción comercial en servicios educativos de posgrado en ciencias sociales, Argentina deberá:
- Prestar atención a los competidores del subcontinente;
- Adoptar una actitud activa en cuanto a la solicitud de compromisos de los demás países. Especialmente aquellos con mayor demanda potencial como son Brasil, Colombia, Perú y Venezuela; o aquellos con mayores ingresos, como Chile, Venezuela, Uruguay y Brasil;
- Obrar con cautela en cuanto a los compromisos liberalizadores, adoptando una posición intermedia;
- Privilegiar los modos que favorecen a las empresas argentinas de educación de posgrado (1, 2 y 4).

Las negociaciones en el ámbito de la OMC en materia de servicios educativos muestran un desarrollo casi nulo para los países analizados. Como se demostró, ninguno de los países mencionados asumió compromisos en este subsector de servicios. Esto permite llegar a dos conclusiones:

Por un lado, el hecho de que ningún país de Sudamérica haya contraído compromisos en este subsector demuestra la cautela de los Estados en este tema. No será sencillo lograr compromisos importantes, y de lograrse, llevarán años de negociación. Pero, como veremos, esta misma situación puede ser vista como una oportunidad.

La comercialización de servicios y su reglamentación es un campo poco explorado. La negociación internacional de servicios tuvo un primer fruto significativo en

1994 con la creación de la OMC y la sanción del AGCS. Sin embargo eso sólo constituyó un marco general donde las negociaciones se espera que prosperen. La OMC insta constantemente a los países a presentar propuestas para la liberalización de los intercambios internacionales, donde los servicios no son una excepción.

De esta manera, es de esperarse que, si bien la concreción de un acuerdo internacional lleve años, el mapa de las posibilidades comerciales subcontinentales cambiará con su firma. Para este entonces será clave haber aprendido minuciosamente las características educativas, internas y de países vecinos.

Como tarea de anticipación ante una situación venidera, es acertado contar con un análisis detallado del sector que ayude en las negociaciones. Las ventajas y debilidades argentinas en la comercialización externa de sus servicios, detalladas en los capítulos 3 y 4, son un insumo indispensable a la hora de negociar.

Esta investigación será un paso necesario en la tarea de diseñar una estrategia comercial concreta, tanto desde el país en su totalidad, como desde una empresa en particular. Incluso podrá constituir un aliciente para profesionales que deseen exportar sus conocimientos aun por fuera de una institución argentina. Sin embargo, para el diseño de una estrategia como la descripta serán necesarios los elementos que se mencionan a continuación, insumos valiosos para posteriores investigaciones y relevamientos:
- Detalle actualizado de la población cursando estudio de posgrado, según el nivel (especialización, maestría o doctorado) y el área de conocimiento del mismo;
- Nivel de ingreso de la población mencionada;

- Acceso a servicios básicos e internet según zona geográfica y nivel de ingresos;
- Costo de vida en los países objeto de estudio;
- Aranceles, programas de becas y convenios bilaterales de las universidades y casas de estudio;
- Políticas de reconocimiento de títulos extranjeros en Argentina y argentinos en el exterior;
- Calidad de la educación ofrecida, preferentemente evaluada con un organismo internacional e imparcial.

La participación de los Estados nacionales resulta necesaria para la recopilación de los datos mencionados y compilar la información. Si bien ya existen datos referentes a los ítems mencionados (en parte suministrados por los censos poblacionales de cada país, encuestas permanentes de hogares y calculados por los ministerios, principalmente de Educación y Economía, e institutos de estadística nacionales) resulta sumamente difícil hallar, en la mayor parte de los casos, información completa y actualizada. La recopilación de datos poblacionales y de sistemas educativos es vital para el tipo de estrategias que se proponen.

El trabajo demuestra las enormes oportunidades en la exportación de servicios de educación de posgrado en ciencias sociales para las empresas educativas y profesionales en el corto, mediano y largo plazo; destaca además las posibilidades de formación importada para los estudiantes locales, a la cual podrán acceder tanto en el extranjero como localmente. Sería una gran ventaja, tanto para personas físicas como jurídicas del país, transformar estos recursos y posibilidades en ganancias concretas.

En este camino señalado, se espera que todos los actores involucrados resulten ganadores, tanto las empresas argentinas dedicadas a la educación de posgrado, como los profesionales y los estudiantes. Todos ellos, junto con el Estado, deberán actuar como equipo y emprender acciones, políticas nacionales y estrategias de inversión que los favorezcan. Las jugadas independientes de alguno de estos actores pueden resultar provechosas individualmente, pero no darán los frutos del trabajo mancomunado. Las oportunidades habilitadas por el comercio exterior de servicios educativos sólo podrán ser aprovechadas al máximo si existe cooperación entre los distintos sectores implicados en el ejercicio de enseñar y aprender.

BIBLIOGRAFÍA

ACUERDO General sobre Comercio de Servicios (AGCS), 1994.

ALADI, Secretaría General, "Estudio sobre la situación de las negociaciones y el comercio de servicios regional e internacional", 2004, Estudio 169.

ALCA, Borrador de Acuerdo. Capítulo sobre servicios en www.ftaa-alca.org/FTAADraft/ngsv1_s.asp, citado en SELA, Las negociaciones de acceso a mercados de bienes y servicios en el Área de Libre Comercio de las Américas (ALCA), XXX Reunión Ordinaria del Consejo Latinoamericano, Caracas, 22 a 24 de noviembre, SP/CL/XXX.O/Di N 1-04, PDF.

ALTBACH, Philip G. y KNIGHT, Jane, "Visión panorámica de la internacionalización en la educación superior: motivaciones y realidades", Perfiles educativos v.28 n.112, México, 2006.

BARREYRO, Gladys Beatriz, "Evaluación de la Educación Superior Brasileña: el SINAES", en Revista de la Educación Superior 137, 2006, PDF.

BERLINSKI, Julio, "La liberalización del comercio de servicios en los países del MERCOSUR", (fecha no disponible), [PDF] en www.redmercosur.org.uy/Libros/El desafío de integrarse/04-desaf.pdf.

BERLINSKI, Julio y SOIFER, Ricardo, "Las Dimensiones del Comercio de Servicios en Argentina. Negociaciones Internacionales, Ventaja Comparativa y Experiencias Sectoriales", Siglo XXI Editores, (2002), Buenos Aires.

BIZZOZERO, Lincoln, "La educación superior en las negociaciones de comercio internacional. Opciones

planteadas al espacio regional del MERCOSUR", 2002, PDF.
Boletín Oficial de la República Argentina, Ley 11.723, Propiedad Intelectual, 1933.
Boletín Oficial de la República Argentina, Ley 21.382, Inversiones Extranjeras, 1993.
Boletín Oficial de la República Argentina, Ley 24.425, Aprobación del Acta Final de la Ronda Uruguay de Negociaciones Comerciales Multilaterales; las Decisiones, Declaraciones y Entendimientos Ministeriales y el Acuerdo de Marrakech por el que se Establece la Organización Mundial del Comercio, 1995.
Boletín Oficial de la República Argentina, Ley 25.036, Propiedad Intelectual, 1998.
CEPAL, Nota bibliográfica sobre el comercio de servicios: conceptos y principios de liberalización, 1996, en www.ftaa-alca.org/Wgroups/WGSV/Biblnt/COM_SER3.ASP, consultada el abril 2005.
CHANDA, Rupa, Movement of Natural persons and the GATS, en HOEKMAN, Bernard, MATTOO, Aaditya, ENGLISH, Philip, (Compliladores), (2002), Development, trade and the WTO, a handbook, capítulo IV Developing countries and the negotiations on trade in services, Washington DC, pág 213 a 346.
DE WIT, Hans, JARAMILLO, Isabel Cristina, GACEL-AVILA Jocelyne y KNIGHT, Jane (Editores), "Educación Superior en América Latina. La Dimensión Internacional", Washington, 2005, PDF.
DIDOU AUPETIT, Sylvie, "La internacionalización de la educación superior en América Latina: oportunidades y desafíos", Universidad Nacional de Córdoba, fecha no disponible, PDF.

DIRIÉ, Cristina, "La Educación en el Contexto de las Negociaciones Comerciales Internacionales", AmerSur, noviembre de 2004. PDF disponible en www.amersur.org.ar.

GARCÍA-GUADILLA, Carmen (Editora), "El Difícil Equilibrio: la Educación Superior entre Bien Público y Comercio de Servicios. Implicaciones del AGCS", 2004, PDF.

GARCÍA-GUADILLA, Carmen, DIDOU AUPETIT, Sylvie y MARQUIS, Carlos, "New Providers, Transnational Education and Accreditation of Higher Education in Latin America." (Nuevos proveedores, Educación Transnacional y Acreditación de la Educación Superior en América Latina", IESALC/UNESCO, 2002.

GIOSA, Laura María, "La Educación Superior y la Organización Mundial de Comercio", Universidad nacional del Centro de la Provincia de Buenos Aires, 2001, PDF.

HERMO, Javier, "La Integración de la Educación Superior en el Nivel Internacional. El Sistema Argentino en el Marco del MERCOSUR", 2000, PDF.

HILL, Thomas P., (1977), On Goods and Services, en The Review of Income and Wealth, Series 23, N° 4, diciembre 1977, pp. 314-339. Citado en ALADI, Estudio sobre la situación de las negociaciones y el comercio de servicios regional e internacional [PDF], Estudio 169, 2 de diciembre de 2004, Parte I, pág. 5.

HIRTT, Nico, "La OMC y el Gran Mercado de la Educación", Ruth Sofair Ketler/SIS, París, 2000, disponible on line en www.unesco.org/courier/2000_02/sp/.htm.

HOEKMAN, Bernard, MATTOO, Aaditya, ENGLISH, Philip, (Compiladores), (2002), Development, trade and the WTO, a handbook, capítulo IV Developing countries and the negociations on trade in services, Washington DC, 2002, pág 213 a 346.

Instituto de Educación Superior del Centro de la República, Argentina

INSTITUTO INTERNACIONAL DE LA UNESCO PARA LA EDUCACIÓN SUPERIOR EN AMÉRICA LATINA Y EL CARIBE, "La Educación Superior virtual en América Latina y el Caribe", fecha no disponible, PDF.

MARTIN, José Francisco, MONTERO, Stella Maris, "Estructura y Titulaciones de Educación Superior en Argentina", PDF.

MATTOO, Aaditya, Services in a Development Round: Three Goals and Three Proposals, 2005, PDF, disponible en http://www.wto.org/spanish/tratop_s/serv_s/sym, consultado en agosto de 2010.

MERCOSUR/CMC/DEC No. 11/93 Protocolo de Colonia para la Promoción y Protección Recíproca de Inversiones en el MERCOSUR.

Naciones Unidas, Comisión de las Comunidades Europeas, Fondo Monetario Internacional, Organización para la Cooperación y el Desarrollo Económicos, Conferencia de las Naciones Unidas sobre Comercio y Desarrollo, Organización Mundial del Comercio, "Manual de Estadísticas del Comercio Internacional de Servicios", 2003, Ginebra, Luxemburgo, Nueva York, París, Washington D.C.

Naciones Unidas, Informe de la Comisión de Estadísticas sobre el comercio internacional de servicios, (2004), PDF, en www.unstats.un.org/unsd/statcom/doc05/2005-6s.

Oficina de Coordinación Universitaria del Ministerio de Educación del Perú, "Estructura y titulaciones de Educación Superior en Perú", PDF.

Organización Mundial del Comercio, Documento GNS/W/120, 1995.
Organización Mundial del Comercio, Measuring Trade in Services, 2003, PDF.
OMC, Consejo del Comercio de Servicios, Serie de reuniones extraordinarias, Comunicación de los Estados Unidos, Enseñanza superior (terciaria), enseñanza para adultos y capacitación, S/CSS/W/23, 18 de diciembre 2000, PDF.
POCHULU, Marcel David, "La Educación Superior Argentina hoy, entre instituciones que se transforman y relaciones que se modifican", PDF.
REVELO, José, "Sistemas y Organismos de Evaluación y Acreditación de la Educación superior en Iberoamérica", fecha no disponible, PDF.
SELA, Las negociaciones de acceso a mercados de bienes y servicios en el Área de Libre Comercio de las Américas (ALCA), XXX Reunión Ordinaria del Consejo Latinoamericano, Caracas, 22 a 24 de noviembre 2004, SP/CL/XXX.O/Di N 1-04
TÜNNERMANN BERNHEIM, Carlos (Editor), "La educación superior en América Latina y el Caribe: diez años después de la Conferencia Mundial de 1998", Colombia, 2008, PDF.
UNCTAD, Banco Mundial, Departamento de Economía Internacional "Liberalizing International Transactions in Services; a handbook", Nueva York, 1994.

Fuentes consultadas según país

ARGENTINA:

Decreto 705/97

Decreto 81/98

Decreto 173/96

Decreto 455/97

Decreto 499/95

Decreto 576/96

Decreto 1047/99

Decreto 1232/01

FERNÁNDEZ LAMARRA, Norberto, "Evaluación y Acreditación en la Educación Superior Argentina", UNESCO, Buenos Aires, 2003, PDF.

Ley de Educación Superior 24.521.

Ministerio de Educación, Ciencia y Tecnología, "Anuario 2006 de Estadísticas Universitarias", PDF.

Ministerio de Educación, Ciencia y Tecnología, "El desarrollo de la educación", agosto 2004, PDF.

Presidencia de la Nación Argentina, "Anuario 2006 de Estadísticas Universitarias", volumen 1 y 2, PDF.

Resolución 532/02

Resolución 1168/97

Resolución 1807/97

Ministerio de Educación, Resolución 160/11

BOLIVIA:

DAZA RIVERO, Ramón, ROCA URIOSTE, Vanya, "Estudio de la Educación Superior en Bolivia", 2006, PDF.

DAZA RIVERO, Ramón, "Los procesos de evaluación y acreditación universitaria. La experiencia boliviana", UNESCO, 2003.

Decreto Supremo 26275 del 5 de agosto de 2001, Reglamento General del Postgrado para Universidades Privadas (RGPUP).

LANDÍVAR, Zully Moreno J. de, "Diagnóstico y perspectiva de los estudios de postgrado en Bolivia", 2004, UNESCO, PDF.

Ley 1565 de Reforma Educativa, 7 de julio de 1994.

MÜLLER DE PACHECO, Lauren, "La Educación Superior Universitaria Privada en Bolivia. Un enfoque desde los marcos regulatorios".

OEI, "Sistemas Educativos Nacionales - Bolivia", PDF.

PAZ NAVAJAS, Jorge, "El marco regulatorio de la Educación Superior Privada en Bolivia", UNSLP, (fecha no disponible), PDF.

SIÑANI, Avelino, PÉREZ, Elizardo, "Nueva Ley de Educación Boliviana", Comisión Nacional de la Nueva Ley de Educación Boliviana, La Paz, 2006, PDF.

BRASIL:

ARROSA SOARES, Maria Susana, "O Sistema de Avaliação do Ensino Superior no Brasil", UNESCO, IES/2003/ED/PI/21, 2003, PDF.

BARREYRO, Gladys Beatríz, "Evaluación de la Educación Superior Brasileña: el SINAES", Revista de Educación Superior 137, México, 2006, PDF.

Ministerio de Educación de Brasil, "Sistema Educativo Nacional de Brasil. Educação Superior", PDF.

Ministerio de Educação, "Censo da Educação Superior 2004", 2006, PDF.

CHILE:

Consejo Nacional de Educación, "Evolución de programas posgrado 2003-2009", 2010, PDF.

Departamento Jurídico División de Educación Superior Ministerio de Educación, Decreto con fuerza de Ley 1.

LEMAITRE, María José, "Antecedentes, situación actual y perspectivas de la evaluación y la acreditación de la Educación Superior en Chile", fecha no disponible, PDF.

Ley Orgánica Constitucional de Enseñanza 18.962, 1990.

LEY 19.054, 1991.

COLOMBIA:

Instituto colombiano para el fomento de la Educación Superior, "Estadísticas de la Educación Superior", 2002, PDF.

Ley 30, de organización del servicio público de la Educación Superior, 1992.

OEI, "Sistemas Educativos Nacionales. Colombia", PDF.

ROA VARELO, Alberto, "Acreditación y Evaluación de la Calidad en la Educación Superior Colombiana", 2003, PDF.

ROJAS CRISTANCHO, José Miguel, "Estructura y titulaciones de Educación Superior en Colombia", fecha no disponible, PDF.

ECUADOR:

ESQUETINI CÁCERES, César, RODRÍGUEZ VEGA, Elsa, "Estructura y titulaciones de Educación Superior de Ecuador", fecha no disponible, PDF.

ROJAS PAZMIÑO, Jaime, "Los antecedentes, situación actual y perspectivas de la evaluación y la acreditación de la Educación Superior en el Ecuador", UNESCO, 2003, PDF.

Universidad Internacional del Ecuador, "Autonomía Universitaria. Legislación comparada para nueve países de América Latina y España", CONSEJO NACIONAL DE EDUCACIÓN DE ECUADOR, 2009, PDF.

PARAGUAY:

GIMÉNEZ DE PEÑA, Haydeé, "El Proceso de Acreditación de carreras universitarias en el Paraguay", UNESCO, 2003, PDF.

Ley General de Educación 1264/98

Ministerio de Educación y Cultura, "Modelo Nacional de Acreditación de la Educación Superior", Asunción, 2007, PDF.

RIVAROLE, Domingo R, "Informe Nacional sobre Educación Superior en Paraguay", Asunción, 2002.

PERÚ:

Ley General de Educación 28044

NAVA, Hugo L. "Evaluación y Acreditación de la Educación Superior: el caso del Perú", fecha no disponible, PDF.

OEI, "Sistemas Educativos Nacionales. Perú", PDF.

Oficina de Coordinación Universitaria del Ministerio de Educación del Perú, "Estructura y Titulaciones de Educación Superior en Perú", fecha no disponible, PDF.

Pontificia Universidad Católica del Perú, Universidad Peruana Cayetano Heredia, Universidad de Lima, "Informe sobre el Sistema de Educación Superior Universitaria del Perú", Lima, Junio 2009, PDF.

Reglamentación de la Ley General de Educación 28044

URUGUAY:

CHIANCONE CASTRO, Adriana, - MARTÍNEZ LARRECHEA, Enrique, "Evaluación y Acreditación en la Educación Superior: Un estudio comparado de América Latina y de Europa", Sociedad Argentina de estudios Comparados de Educación, Montevideo 2005.

MARRERO, Adriana, BARROS, Germán, "Estructura y Titulaciones de Educación Superior en Uruguay", fecha no disponible, PDF.

VENEZUELA:

Decreto 1292: Reglamento de Reválida de Títulos y Equivalencias de Estudios.

GARCÍA GUADILLA, Carmen, MONTILVA, Leonardo, ACEDO, María de Lourdes, LEPAGE, Beatriz, OTERO, Sergio, "Informe de Venezuela", Proyecto CINIDA, Educación Superior en Latinoamérica, 2006, PDF.

Ley de Universidades 1424 de 1967.

Ministerio de Educación Superior, "Estructura y Titulaciones de Educación Superior en Venezuela", fecha no disponible, PDF.

Ministerio de Educación y Deportes de Venezuela, "Políticas, Programas y Estrategias de la Educación Superior Venezolana", 2004, PDF.

Ministerio del Poder Popular para la Educación Superior, "Boletín informativo del Programa de Evaluación Institucional", 2009, PDF.

Ministerio del Poder Popular para la Educación Superior, "La Revolución Bolivariana en la Educación Universitaria 1999- 2009", 2010, PDF.

Ministerio del Poder Popular para la Educación Superior: Resolución 2533, 20 de noviembre de 2007, "Creación del Registro Nacional de Instituciones, Programas, Grados y Titulaciones de Educación Superior".

Páginas web consultadas

www.wto.org
www.wto.org/spanish/tratop_s/trips_s/intel1_s.htm

www.mecon.gov.ar
www.indec.gov.ar
www.forumdecomercio.org
www.minedu.gob.bo
www.mec.gov.br
www.mineduc.cl
www.mineducacion.gov.co
www.educacion.gob.ec
www.mec.gov.py
www.minedu.gob.pe
www.mec.gub.uy
www.opsu.gob.ve
www.unstats.un.org/unsd/tradeserv/db/docs.asp
(División de Estadística de Naciones Unidas)
www.bcnbib.gov.ar
www.argentinatradenet.gov.ar
www.proargentina.gov.ar
www.fundacionbankboston.com.ar
www.ucel.com
www.ftaa-alca.org
www.sice.oas.org/service
www.stds.statcan.ca/english/voorburg/aspfiles/2004
www.inpi.gov.ar
www.wipo.int/about-ip/es
www.unstats.un.org/unsd/tradeserv

ANEXO: TENDENCIA A LA ELECCIÓN DE CIENCIAS SOCIALES

Bolivia

Al calcular la tendencia del estudiantado hacia la elección de un estudio de posgrado dentro del área de las ciencias sociales, se recurrió a las matrículas de grado en año 2004. No se logró contar con un dato más actualizado ni uno procedente de la propia educación de posgrado. Por este motivo, el número obtenido es una aproximación.

Cuadro 59: Tendencia a la elección de ciencias sociales en Bolivia

Matrículas 2004	Total	%
Cs. Sociales, Enseñanza Comercial y Derecho	18800	45,47
Cs. Exactas	480	11,61%
Ingeniería, Industria y Construcción	6750	16,32%
Agricultura	2000	4,84%
Salud y Servicios Sociales	5100	12,33%
Educación	2000	4,84%
Humanidades y Artes	1900	4,59%
Total	41320	100,00%
Total áreas sociales	**20800**	**50,31%**

Fuente: elaboración propia con datos de Rivero y Urioste, 2006.

Brasil

Para calcular este dato, a falta de información sobre la educación de posgrado en los sistemas estadísticos, se toma como base los alumnos matriculados en cursos de grado. La preferencia de las ciencias sociales, según la encuesta del año 2008 del Centro Federal de Educação Tecnológica y el Instituto Federal de Educação, Ciência e Tecnologia (CEFET/IFET), es del 58,44%.

Cuadro 60: Tendencia a la elección de ciencias sociales en Brasil

Importancia de las ciencias sociales en la educación superior	58,44%
Total de inscriptos en nivel de grado	1.359.600
Educación	195.061
Filosofía	3.233
Historia y arqueología	4.853
Humanidades y letras	8.460
Lengua materna	155
Lengua y culturas extranjeras	783
Ciencias sociales, negocios y derecho	582.027
Total Ciencias sociales	**794.572**

Fuente: elaboración propia con datos del Centro Federal de Educação Tecnológica y el Instituto Federal de Educação, Ciência e Tecnologia (CEFET/IFET), 2008.

Chile

Se calcula la importancia de las ciencias sociales a partir del número de inscriptos en la educación superior. La información utilizada proviene de la División de Educación Superior del Ministerio de Educación de la nación, y corresponde al año 2003.

Cuadro 61: Tendencia a la elección de ciencias sociales en Chile

Importancia de las ciencias sociales en la educación superior	49,20%
Ciencias sociales	15,80%
Leyes	5,20%
Humanidades	1,30%
Educación	12,10%
Administración y economía	14,80%

Fuente: elaboración propia con datos del Ministerio de Educación, 2010.

Colombia

En el caso de Colombia se recurrió a la estimación de la tendencia de los estudiantes hacia la elección de las ciencias sociales a partir del porcentaje de estudiantes de grado según el área de conocimiento. El dato de 2005 fue el más actualizado al que se pudo acceder.

Cuadro 62: Tendencia a la elección de ciencias sociales en Colombia Distribución de Programas por áreas de conocimiento. Agosto de 2005

Distribución de programas académico por áreas de conocimiento	
Humanidades y ciencias religiosas	1,31%
Matemáticas y ciencias naturales	3,45%
Agronomía veterinaria y afines	2,72%
Bellas artes	3,44%
Ciencias de la educación	**8,92%**
Economía, administración, contaduría y afines	**31,83%**
Ciencias sociales, derecho y ciencia política	**14,74%**
Ingeniería, arquitectura, urbanismo y afines	22,49%
Ciencias de la salud	11,10%
Total Ciencias sociales	**55,49%**

Fuente: Elaboración propia con datos del Ministerio de Educación, 2010.

Ecuador

El cálculo tentativo se realizó considerando los alumnos matriculados en cursos de grado en 2001.

Cuadro 63: Tendencia a la elección de ciencias sociales en Ecuador

Áreas 2001	Total	%
Agronomía, veterinaria y afines	18.088	1,85
Bellas artes	23.808	2,44
Ciencias de la salud	87.870	8,99
Ciencias de la educación	**110.828**	**11,34**
Ciencias sociales, derecho y ciencia política	**139.535**	**14,28**
Economía, administración, contaduría y afines	**281.649**	**28,82**
Humanidades y ciencias religiosas	6.518	0,67
Ingeniería, arquitectura, urbanismo y afines	283.661	29,03
Matemática y ciencias naturales	25.286	2,59
Total	977.243	100,00
Total ciencias sociales	**532.012**	**54,44**

Fuente: elaboración propia con datos del Ministerio de Educación Nacional, 2010.

Paraguay

La importancia de las ciencias sociales en Paraguay puede ser estimada en un 64,19%, según la información obtenida del Consejo Nacional de Educación Superior.

Cuadro 64: Tendencia a la elección de ciencias sociales en Paraguay

Área de conocimiento	Total	%
Tecnológicas	85.990	16,18
Administración y comercio	**178.249**	**33,54**
Educación	**75.813**	**14,26**
Ciencias sociales	**85.105**	**16,01**
Humanidades y ciencias de la cultura	**1.983**	**0,37**
Ciencias básicas	10.510	1,98
Arte y arquitectura	18.235	3,43
Agrícola y pecuaria	17.192	3,23
Ciencias de la salud	58.390	10,99
Total	531.467	100,00
Ciencias sociales	**341.150**	**64,19**

Fuente: elaboración propia con información del Consejo Nacional de Educación y Cultura, 2010.

Perú

Se grafica en el siguiente cuadro la importancia de las ciencias sociales en este país. Ante la carencia de un indicador preciso sobre la cantidad de matrículas exactas de ciencias sociales, el trabajo se vale de los datos aportados por la Asamblea de Rectores y recopilados en el informe sobre el Sistema de Educación Superior Universitaria del Perú de la Pontificia Universidad Católica del Perú, la Universidad Peruana Cayetano Heredia y la Universidad de Lima. De los resultados exhibidos se suma el porcentaje de alumnos matriculados en ciencias sociales y humanidades, correspondientes al año 2007. El resultado final es de un 51% de matriculados en el área de conocimiento elegida para este trabajo.

Cuadro 65: Tendencia a la elección de ciencias sociales en Perú

Matrícula Universitaria por Área de Conocimientos, año 2007	
Ciencias sociales	**49%**
Ingeniería y Tecnología	20%
Ciencias médicas	14%
Ciencias naturales	11%
Ciencias agrícolas	4%
Humanidades	**2%**
Total Ciencias sociales	**51%**

Fuente: Elaboración propia con información de la Pontificia Universidad Católica del Perú, Universidad Peruana Cayetano Heredia, Universidad de Lima, 2009

Uruguay

Se estima la tendencia de los estudiantes de Uruguay hacia la elección de un curso de posgrado dentro de las ciencias sociales a partir de las matrículas de grado del año 2008.

Cuadro 66: Tendencia a la elección de ciencias sociales en Uruguay

Anuario Estadístico Educación 2008		
Ingresos a Instituciones Universitarias en el Nivel de Posgrado	Total	%
Formación de personal docente y ciencias de la educación	480	16,64
Humanidades	166	5,75
Ciencias sociales y del comportamiento	504	0
Periodismo e información	0	20,14
Enseñanza comercial y administración	581	6,45
Derecho	186	6,45
Total Ciencias sociales	**1917**	**66,45**
Total Áreas de conocimiento	**2885**	**100**

Fuente: Elaboración propia con información del Ministerio de Educación, 2010.

Venezuela

Para el cálculo de la tendencia de los estudiantes hacia las ciencias sociales en Venezuela se utiliza la cantidad de matriculados en esta área de conocimiento en la educación de grado en 2004.

Cuadro 67: Tendencia a la elección de ciencias sociales en Venezuela

Educación de grado 2004	Estudiantes	%
Matriculados totales	1.154.845	100
Matriculados en ciencias sociales	**513.906**	**44,50**

Fuente: Departamento de estadísticas del Consejo Nacional de Universidades / Oficina de Planificación del Sector Universitario (CNU/OPSU), 2010.

GLOSARIO

ADPIC: Aspectos de los Derechos de Propiedad Intelectual relacionados con el Comercio
AGCS: Acuerdo General sobre Comercio de Servicios
ALADI: Asociación Latinoamericana de Integración
ALALC: Asociación Latinoamericana de Libre Comercio
AMI: Acuerdo Multilateral de Inversiones
ANEP: Administración Nacional de Educación Pública
ANR: Asamblea Nacional de Rectores
BADEHOG: Banco de datos de encuestas de hogares
CAN: Comunidad Andina de Naciones
CAPES: Coordinación de Perfeccionamiento del Personal de Nivel Superior
CCNPG: Consejo Consultivo Nacional de Postgrado
CEAPIES: Comité de Evaluación y Acreditación de Programas e Instituciones de Educación Superior
CEP: Conferencia Episcopal Paraguaya
CEPAL: Comisión Económica para América Latina y el Caribe
CESU: Consejo Nacional de Educación Superior
CIA: Agencia Central de Inteligencia (Central Intelligence Agency)
CIIU: Código Industrial Internacional Uniforme
CIN: Consejo Interuniversitario Nacional
CNA: La Comisión Nacional de Acreditación
CNU: Consejo Nacional de Universidades
CODICEN: Consejo Directivo Central
CONACES: Comisión Intersectorial para el Aseguramiento de la Calidad de la Educación Superior

CONAFU: Consejo Nacional de Funcionamiento de Universidades
CONAMED: Consejo Nacional de Acreditación y Medición de la Calidad Educativa
CONAP: La Comisión de Evaluación de la Calidad de Programas de Posgrado de Universidades Autónomas
CONEA: Consejo Nacional de Evaluación y Acreditación
CONEAU: Comisión Nacional de Evaluación y Acreditación Universitaria
CONEC: Consejo Nacional de Educación y Cultura
CONESUP: Consejo Nacional de Educación Superior
CONICYT: Comisión Nacional de Investigación Científica y Tecnológica
CPRES: Consejos Regionales de Planificación de la Educación Superior
CRUCH: El Consejo de Rectores
CRUP: Consejo de Rectores de Universidades Privadas
CSE: El Consejo Superior de Educación
DIVISUP: División de Educación Superior
FAPEYAU: Fundación Argentina para la Evaluación y Acreditación Universitaria
FONACIT: Fondo Nacional de Ciencia, Tecnología e Investigación
GATT: Acuerdo General sobre Aranceles Aduaneros y Comercio (General Agreement on Tariffs and Trade)
ICFES: Instituto Colombiano para el Fomento de la Educación Superior
IDRC: Instituto para la Conectividad en las Américas del Centro Internacional de Investigaciones para el Desarrollo
IED: Inversión Extranjera Directa
IES: Instituciones de la Educación Superior
IMAE: Instituto Militar de las Armas y Especialidades
IMES: Instituto Militar de Estudios Superiores

INEP: Instituto Nacional de Estudios e Investigaciones Educacionales
IVIC: Instituto de Investigaciones Científicas
LDBEN: Ley de Directrices y Bases de la Educación Nacional
LES: Ley de Educación Superior
LOCE: Ley Orgánica Constitucional de Enseñanza
MERCOSUR: Mercado Común del Sur
NIOP: No incluidos en otras partidas
OCDE: Organización para la Cooperación y el Desarrollo Económico
OMC: Organización Mundial de Comercio
OMPI: Organización Mundial de la Propiedad Intelectual
ONE: Oficinas Nacionales de Estadística
OPSU: Oficina de Planificación del Sector Universitario
OSILAC: Observatorio para la Sociedad de la Información en Latinoamérica y el Caribe
PBI: Producto Bruto Interno
PED: Países en desarrollo
PEN: Poder Ejecutivo Nacional
PILS: Pruebas internacionales de evaluación
PMA: países menos adelantados
RGPUP: Reglamento General del Postgrado para Universidades Privadas
SEA: Sistema de Evaluación y Acreditación Institucional
SINAMED: Sistema Nacional de Acreditación y Medición de la Calidad Educativa
SNIES: Sistema Nacional de Información de la Educación Superior
SNPG: Sistema Nacional de Posgraduación
UDELAR: Universidad de la República
UNCTAD: Conferencia de las Naciones Unidas sobre Comercio y Desarrollo

Esta tirada de 100 ejemplares se terminó de imprimir en diciembre de 2013 en Imprenta Dorrego, Dorrego 1102, CABA

www.ingramcontent.com/pod-product-compliance
Lightning Source LLC
Chambersburg PA
CBHW021810220426
43662CB00006B/254